ジャン=リュック・ナンシー
渡名喜庸哲 訳

フクシマの後で

破局・技術・民主主義

以文社

フクシマの後で　目次

装画＝宇佐美圭司《その時集合と離散が交錯するNo.1》（一九九九年、作家蔵）
装幀＝難波園子

本文中、＊は原注、†は訳注を示す。

フクシマの後で　破局・技術・民主主義

序にかえて——ジャン＝リュック・ナンシーとの対話[*1]

あなたの著作『破局の等価性——フクシマの後で』は、もともと、二〇一一年一二月に東洋大学で行なわれたウェブ講演会において発表されたものでした。この講演会への参加の要請を受けたときのあなたの反応はいかなるものだったのでしょうか。言いかえると、フクシマ、つまり二〇一一年三月の東京電力福島第一原発の爆発とそれに連なる出来事は、あなたの思想に対し、どのようなインパクトをもたらすものだったのでしょうか。

＊1　この対話は、二〇一二年七月一日にストラスブールのナンシー宅にて訳者が行なったインタビューに基づき、両者が加筆修正したものである。

ナンシー　私が東洋大学から打診を受けたとき――正確には覚えていませんが、二〇一一年三月一一日の数ヵ月後だったと思います――、フクシマという名はすでに世界のニュースでつねに取り上げられる名となっていましたし、ある意味ではいささか恐ろしい、あるいは過酷な名となっておりましたので、この打診は私にとって一種の当然のものと映りました。このような打診がないはずがない、そのときすぐにそう思ったのです。単に日本においてだけではなく世界中で、救助隊員、原子力の技術者、エネルギー政策の責任者たちと同じように、哲学者たちもまた呼び集められることが不可欠だったからです。このような召喚が当然であったということ、このことはもちろん、皆がそれに応答しなければならないということではありません。しかし私としては、哲学者たちにはそこから身を引くということは認められていないように思います。すでに日本人のなかでも省察を公にする人もいました。たとえば私が本書で引用している西谷修がそうです。

同時に、私はすぐさま、原子力政策に関する省察を提案することはできないと考えました。というのは、このような省察は――技術的な能力ということを別にしても――、よりいっそう広範な考察を必要とするからです。長期的に、そして世界規模でこの問題を検討しようとするとなおさらそうです。

＊

『破局の等価性』でのあなたの主張は次のようなものです。フクシマは、単に一国の一つの原子力発電所をめぐる、技術的、政治的、経済的、産業的等々の次元での不手際、機能不全、欠陥にのみ還元しうるものでも、また先進諸国で支配的な原子力政策がもたらすべくもたらした災害ということにのみ還元しうるものではなく、むしろ、このような要素すべてが相互に絡み合った、それこそ惑星規模と言うべき、いっそう広範な布置を露わにする出来事として捉えるべきである。そしてこのような相互接合の布置は、文明的な規模でもって、かなり前からなされてきた決断に基づくものであり、とりわけ「一般的等価性」という概念でもって特徴づけられるものだ、とあなたはおっしゃいます。このようなアプローチは、もちろん、フクシマとは何かを理解するためにいっそう広い射程を与えてくれるものです。そしてその射程をよりよく理解するために、私たちはこの日本語版に、フクシマ論である『破局の等価性』だけでなく、あなたの最近の二つの著作、「集積について」と『民主主義の実相』を――

これら二つが書かれたのは正確には「フクシマの後」ではないにせよ――組み込むことにしました。この二著については後に触れましょう。さしあたりお聞きしたいのは次の点です。フクシマをこのような文明的な布置のもとで捉える場合、「フクシマの後で」の「後で」にはどのような意味があるのでしょうか。

ナンシー　あなたの質問に答えるためには、いくつかの次元に分ける必要があると思います。まずは日本という次元があります。そこでは、「フクシマの後」はすでにはじまっています。一方では、放射線防御、安心感の付与、修復ないし管理といった措置や作業があり、他方では、他の原子力発電所、国家的なエネルギー供給に関する措置もあり、さらにはまた、放射能汚染に対する監視――しかも被災地だけではなく、その拡散が疑われるところではどこでも（とりわけ海中）――に関する一切のこともあります。

第二の次元は、すでに国際的なものです。この次元においては、原子力施設について責任を有する企業――私的であれ公的であれ――の行動に対して、かなりの注意が払われるようになりました。フクシマは、実業家たちの無責任、怠慢、さらにおそらくは厚顔をも示したのです。もちろん、それに対応するものはチェルノブイリの場合のように過去にも見いだされますし、現在においてもフランスのいくつかのケースにも見いだされます（フェッセンアイムの原子力発電所の状態は満足のいくものではありません……）。ところで、この無責任には二つの面があります。このような無責任は、投資家たちが今後——自分の死後に、と言っておきたいのですが、さらにはそれより早い時期についても——何が起きるかについてほとんど関心を払わずに行なっているような、短期的および中期的な計算に対応している、ということです。収益の計算はこうしてなされます。長いあいだ、この種の計算は、明日についての何らの配慮もなくなされることが可能でした——たとえば、石炭は、鉱山が将来枯渇することについて少しも顧みられることなく用いられてきました。しかし、今や、たとえば石油が枯渇すること、原子力発電所が疲弊することを考慮に入れないことは不可能でしょう。この次元では、「後で」は、即時的なものであると同時に長期的なものです。というのも、どのような政治が、関連する部門や企業の責任者を統制したり強制したりすることができましょうか。

次の第三の次元では、「後で」は数十年という規模の意味を有しています。ここでの作業は、エネルギー源の転換に関わるものでなければなりませんが、しかし私が思うに、この作業が実質的な意味を有するためには、エネルギーに対する需要ということについても問いただざなければならないでしょう。同じ需要に対する「ソフトな」エネルギーを求めることでは十分ではないのです。どのような需要なら修正することができ、さらにはなくすことができるのか――エネルギーの展望を別様に思考するためにはこう問わねばならないのです。この次元では、フクシマは警告灯を灯すことになったわけですし、エネルギーの単なる「管理」ということ以上のいっそう広い効果をもたらすことになるでしょう。問題はもはや管理することではありません。思考しなければならないのです。もちろんこの命令法は、管理者には聞き届けられることはないかもしれませんが、しかしまた別の「後で」の圧力を感じさせることになるはずです。

というのも、よりいっそう広い、一世紀や二世紀以上の広がりをもった「後で」があるのです。一つの文明が道を逸れたり、砕け散ったりするには、少なくともこのような期間が必要なのですし、また、それが新たな選択をすることによって――暗いものであれ、別の仕方で照らされたものであれ――新たな時代に入っていくにはこうした期間が必要なのです。それはもう一つの明治維新のようなものかもしれません。将来、そのようなものがあるだろうと思います！　すでに他所で作動している歴史に追いつくのではなく、もう一つの、未聞の歴史を開くような明治維新です。

いずれにせよ、これらの「後で」はすべて、複数の「前」に依存するものでもあります。フクシマがとりわけ反響をもたらしたのは、それがかなりの広がりと複雑性（地球規模の現象＋技術的な不用意＋日本における原子力設備＋現在の世界における日本の位置）をともなった出来事であったからですが、同時に、一方でフクシマ以前にもすでにいくつかの甚大な原子力事故があり、他方で大きな津波や地震もあり、これらが（技術的、経済的、政治的、社会的、メディア的な）相互接合の重要性をますます顕わにしてきたからでもあるのです。

＊

最後の点についてもう少しお聞かせください。あなたが『破局の等価性――フクシマの後で』で展開されたお考えは、その副題が示すこととは裏腹に、東京電力福島第一原子力発電所での事故以降という特定の状況のみに限定されるものではないように思います。そうではなく、「フクシマ」もそのうちの一つとして組み込まれるような、より広い文脈を問題になさっているように思われます。ご著書のフランス語のタイトルのなかで「破局」という単語が複数形で用いられていることが示唆しているのはそのことではないでしょうか。そこでのあなたの主張は、われわれの文明というものそれ自体を思考するという展望を開くものであるように思います。

ナンシー　私が思うのは、われわれの文明――というのもいまや世界的な文明というものについて語ることが可能になってしまっているのですから――は、それ自身、ある「後で」に直面している、ということです。というのも、この文明は一種の枯渇状態へといたったのですから。あらゆる文明は、活力が減少しついに消失するという状態にいたります。明治期以前の日本は、困難な状態にあり、それ以前のようなかたちで自らの姿を認めるということはもはやできませんでした。だからこそ、西洋文明の流れに追いつこうとしたのでしょう。マヤ文明、古代エジプト文明、地中海の古代ギリシャ・ローマ文明なども こうした枯渇を経験しました。他にも多くの事例を挙げることができるかもしれません。中国、インド、一四世紀のアラブ文明等々です。両大戦の戦間期に、ポール・ヴァレリーは次のような有名な文章を書きました。「我々文明なるものは、今や、すべて滅びる運命にあることを知っている」[*2]。彼がこう書いたのは、第一世界大戦と言われる戦争が次のような警報を鳴らしていたからです。ヨーロッパが、ルネサンス、啓蒙主義、民主主義、自然の技術的征服を成し遂げ、花を咲かせた後に、このような自壊に身を委ねるというのはありうるのか、というわけです。（シュペングラーの著作の表題によれば）「西洋の没落」という意識は、すでに一九世紀の末葉からありましたが、あまりにも速すぎる変革のときにやってくるのは、このような周知のノスタルジーばかりではありません。社会や人々、人間の行く先をめぐるさまざまな標定点、表象が、深く、激しく変動していることが気づかれていたのです。

今日の問題は、一つの文明の終わりというよりは、次のような問いの誕生であると言うことができるでしょう。「文明とは何なのか？」「それは、意味の領野の内部で諸々の一貫した形態を配置することなのか——あるいは逆に、さまざまなはかない形態が絶えず置換されながら膨張することなのか？」といった問いです。一つだけ例を挙げましょう。われわれの文明は、数学をモデルにし、あらゆるものを「対象」として構築したり生産したり規定したりする、合理的な知としての「科学」の文明でした。ところが、今日では、互いに非常に異なったさまざまな「科学」があり、その「対象」（「生」や「宇宙」や「経済」

＊2　ポール・ヴァレリー『精神の危機　他十五篇』恒川邦夫訳、岩波文庫、七頁。

など）もわれわれの手から逃れ去るようになり、それらのあいだにはどこまで合理的な統一があるのか、「科学」と「技術」とをどこまで区別できるのか、あるいはできないのか、こうしたことすら分からないようになってしまっているのです。

われわれは実際、すでに、過ぎ去った時と未来とのあいだにいます。この未来とは、どんな未来とも同じように、開かれたもの、予言することなど不可能なものです。われわれは、暗がりのなかでも目を開くことを学ばねばならないのです。

＊

先ほど言及したように、私たちとしてはフクシマ論である『破局の等価性』にあなたの二つの近著を加えたいと思っています。一つは技術に関するもの、もう一つは民主主義に関するものです。そしてこれら三つを合わせた日本語版のタイトルとしては『フクシマの後で——破局・技術・民主主義』を考えています。日本の読者は、これら三つのテクストがそれぞれ内部から共鳴しあっているのを難なく見てとることができるように思います。それぞれの議論は多くの点で交差しあい、互いの議論を理解する助けにもなっているからです。とはいえ、もちろんのこと、これらのテクストはそれぞれ特定の文脈において別個に書き留められたものです。とりわけ「集積について」も『民主主義の実相』も二〇一一年三月一一日の「前」に書かれたものです。この点に関してまずお聞きしたいのは、技術ないしテクノロジーについて、今の時点で、すなわち「フクシマの後」という文脈において、あなたがどのようにお考えかという点です。

ナンシー　まず私は、ハイデガーは、技術を「存在の最後の歴運」として考えたとき、非常に的確にものを見ていたと考えています。実を言えば、ハイデガーの用語そのものはここでは重要ではありません。言いかえると、「存在の歴史」についての彼の見方を、それに固有の諸々の特徴とともに適応させることが必要なのではありません。そうではなく、別のかたちでこのことを言いかえることは完全に可能なのです。すなわち、「技術」とは、人間が道具を用いることを完全化するなかで達成されてきた一連の進歩なのではなく、生の様態であり、思考の様態であり、世界内に存在すること、世界を変容させることとの様態なのだということです。

さらに、ハイデガー自身にも、「技術」が「自然」に対する単なる搾取者、侵入者として振る舞うだけでなく、「自然」が「技術」を呼び求めることもありうるとほのめかすことがありました（この点に関しては、私が序文を書いたものですが、ロザーリア・カルダローネの著作[*3]を参照していただかなくてはなりません）。いずれにせよ、ここでもまた、私たちはハイデガーから次のことをなるべく忘れないようにする必要がありましょう（いつも忘れてしまうのですが……）。まず、技術とは人間そのものと異なるものではないということ、また、人間とはもちろん自然によって産み出されたものですが、しかし――新石器時代における植物や動物の選別から原子力エネルギーやナノテクノロジーにいたるまで――自然を変化させる任務を自然によって与えられた産物だ、ということです。さらに、技術が熟慮や反省や計算を経て展開していくにつれて、はじめて、同じ資源、同じ方法、同じ目的が、どこででも――火星上にいたるまで――活用されるという一つの世界的な文明が到来した、ということです（私がここの部分を書いているのは火星探査機キュリオシティが火星に到着した日です。指摘しておくならば、各新聞は、ちょうど一年半前にフクシマについて激しい恐怖に満たされていたのと同じくらい、この偉業について驚嘆に満たされていました。この火星の探索が遠き帰結として何をもたらすかわれわれにはまったく分からないのにもかかわらずです）。

さしあたって、この技術的な世界性――資本主義の経済的な技術によって隅から隅まで分節化された世界性――が生み出しているもの、これを私は「集積（struction）」と名づけたいと考えています。これは、「構築」でも、まさしく「破壊」でもなく（とはいえその双方でもあります。たとえば洗練されたロボットの構築と、たとえばある動物種や人間の言語の破壊がそうです）、ラテン語のstruoの意味に従って言えば、組み立て方についてどのような論理があるかも感知できずに、積み重ねること、蓄積すること、重ね合わせることです。われわれがその理由を捉えられないかたちで、「一緒にあること（ensemble）」ないし「共にあること（avec）」です。

＊

あなたは近年民主主義についていくつかのテクストを公刊なさっています。私たちがそのなかから『民主主義の実相』を選んだのは、とりわけ、そこであなたが、「一般的等価性」という、フクシマ論のなかでも中心的な役割を演じている概念を、私の

＊3　Rosaria Caldarone, *Impianti. Tecnica e scelta di vita*, Milano, Mimesis, 2012.

知るかぎりはじめて、もっとも広範に論じているためであります。ただ、そうするとここでもまた先ほどと同じ問いを発したくなります。民主主義という問いは、「フクシマの後で」という文脈において、新たに立てなおされるべきだとお考えでしょうか。もしそうならば、どのようなかたちででしょうか。

ナンシー　民主主義ということで意味されているものが、いくつかの形式的な法的保障でもって、七〇億の人間存在およびいっそう多くの生物を、合目的性の予見不可能な増殖（その例としては、利潤、速度、あらゆる種類の存在者についての巨視的ないし微視的分析、つねによりいっそう巧妙になるハードウェアおよびソフトウェアの製造などがあります）にあらゆる点でつき従っている彷徨的で散逸的な一種の運動のなかへと投げ入れることができることだとするのなら——そこでは諸々の対象や表象、生活形態や表現形態が、つねによりいっそう増大し、いっそう不平等なかたちで配置され、また諸々のアイデンティティが、つねによりいっそう狭く、つねによりいっそう複雑になる共存関係のなかで、互いにたえずこすれ合うことでいら立ち、逆上するようになるのですが——、そうだとするなら、「民主主義」は、人がそこに期待していたようなたいしたことをもはや何も意味することはないでしょう。人がそこに期待したものとは、つまり、人間の「解放」です。「解放」とは何でしょう？　「人権」とは何でしょう？　「権利」とは、「人間」とは？カントは、「人間とは何か」という問いには答えられないと言いました。しかし今日私たちは答えなければならないのです。というのも、さしあたって私たちがもつ唯一の返答とは、次のものだからです。人間とは、積み重ねられ、彷徨する七〇億の存在である……

しかし、人間とはまた、自分自身の憤怒に抵抗する者、地下をうごめく龍の背中に乗りながらも生き続けることのできる者でもあります。あらゆる執拗なもののなかでもっとも奇妙な執拗さをもった者なのです！

私たちがどれほどあなた方の俳句に魅了されているかはご存じでしょう。北枝〔立花北枝、江戸前期の俳人〕の一句を引用させてください（翻訳には議論の余地があるかもしれません）。

焼にけり　Tout a brûlé　〔すべて焼けた
されども花は　Heureusement les fleurs　幸運にも花々は
ちりすまし　Avaient achevé de fleurir　花を咲かせた〕

18

人間はついに花を咲かせることができたのでしょうか、あるいは開花の後に果実を期待すべきなのでしょうか。

I

破局の等価性——フクシマの後で

子どものころの彼の心は
自分の村を見ては
葉の一枚一枚に、青空の端々に
いつも心を弾ませていた。
この未来が知らずにいたのは
今日の地平が、まったく違った無関心をまとっているということだ。
あらゆることが起こった
われわれのうちに、運命によって。
われわれは悔いに囚われている
自分たちの無垢の。

ピエル・パオロ・パゾリーニ『ヨーロッパ』[*1]

前文

この表題にまどわされないでほしい。破局はどれも、規模の点でも悲痛という点でも帰結という点でも、等価ではない。核施設に影響をもたらさない津波と、原子力工場に甚大な被害をおよぼす津波とは同一ではない。この工場に管理上の怠慢があれば、別の性質の深刻な問題を引き起こすことにもなるだろう。

原子力の破局は、――軍事用であれ民生用であれ、差異はもちろん踏まえつつ――たいていの場合とり返しのつかないものになるという傾向を有している。その効果が、何世代

＊1　Pier Paolo Pasolini, *Europa*, in *Je suis vivant*, tr. fr. O. Apert et I. Messac, Caen, Nous, 2001, p. 57-58

にもわたって、あらゆる地表やあらゆる種の生物を通じて、さらにはエネルギーの生産の――ということは同時にその消費の――巨大な体制を通じて波及していくからである。

結局のところ、ここで破局の「等価性」ということが言わんとしているのは、今やどのような災厄も、拡散し増殖すると、その顚末が、核の危険が範例的にさらけ出しているもののの刻印を帯びているということである。今や、諸々の技術、交換、循環は相互に連関しあい、絡みあい、さらには共生している。そのため、たとえばある洪水があった場合、それがどこで起こったとしても、一定量の技術的、社会的、経済的、政治的な錯綜と関わりもたないということができなくなっており、このような関わりゆえに、われわれはもはや、この洪水を人が良くも悪くもその範囲を画定できるような一介の損害ないし不幸と考えることができなくなっているのである。化学的な破局の場合にはなおのことそうである。たとえば、一九八四年のボーパールでの事故がそうである。[*2] それが人間、経済、生態系に対してもたらした効果は今日でもはっきり感じとられるのだ。

今問題となっている複雑性がとりわけ際立つのは、自然によって引き起こされる破局が、もはやその技術的、経済的、政治的な帰結や影響から区別されないためである。単なる偶発事にすぎない火山雲があれば、少なくとも世界の四分の一の航空機の運航が妨げられてしまう。地震といった真の破局の場合、地面や建物を揺らすと同時に、社会的、政治的、道徳的な状況全体を揺るがすことになる。一七五五年にリスボンでおきた地震は、モロッコからヨーロッパ北部にいたるまで感じられたが、これによって提起されたのは、当時「摂理」の問いと呼ばれていた問いである。これは、一九九〇年のイラン地震について の映画のなかで登場人物の一人が「アッラーはこれを許すのか」と問うた際、キアロスタミが巧みに刷新した問いでもある。[*3] だがこの問いはもはや同じ名をもつことができない。もちろん地球のもたらす力、気象学的な力を否定することはできない。だが、こうした力の運動が、技術、政治、経済と解きほぐせないほど絡みあっていることを否定することもできないのだ。一七五六年、ルソーはヴォルテールにこう書いていた。「自然のほうからすれば、なにもそこに六階や七階建の家を二万軒も集合させることはまったくなかったことも考えてみてください。そしてこの大都市の住人がじっさいにそうであったよりも平均して散らばっていて、いっそう身軽に住んでいたとしたら、損害もはるかに少なかった

＊2　このインドの都市は、一九八四年一二月三日、殺虫剤工場の非常に甚大な事故の犠牲となり、この地域は長きにわたってひどく汚染された。

＊3　『そして人生はつづく』(Zendegi va digar hich)。一九九一年の映画。

だろうし、まったくなかったかもしれないことも考えてみてください」[*4]。ルソーは、一つの都市の構築が別の仕方で構想されうると想像することができたのだろう。だが今日、都市、交通、エネルギーについてどれほど構想してみようとしたとしても、われわれが抗いがたく立ち向かわざるをえないのは、技術的、社会的、経済的な相互依存の複雑性の増大か、それとも、現在すでにある複雑性によって引き起こされる諸々の反論や障害やそれによって課される必要性か、そのどちらかなのである。

こうした二者択一は――つまり、(生態学‐経済学的、社会‐政治‐イデオロギー的、技術‐科学‐文化論的、等々の)相互依存のシステムの複雑性および/もしくは(電力、石油、ウラン、稀少鉱物等々、さらにその実際的な活用、民生的、軍事的、社会的、私的利用等々の)一連の既存の制約との二者択一は――、それ自体、全般的な相互連関に依存している。貨幣がそれである。これらシステムがすべて機能するのもこれを通じてであり、また結局のところ――制作、交換、配分といった作用はどれも収益性へと帰着するがゆえに――これらシステムによって連れ戻されることになるのもこれである。この相互連関が表現しているのは、富の生産ないし自動生産を指導原理とする経済である。これは生の新たな条件、規範や制約をたえず生産するものであって、生活条件の再生産や輝かしい富の豪華な蓄財を指導原理とする経済ではない。後者の形態の前者への転換が、「資本主義」と呼ばれる事象であった。言いかえれば、周知のように、栄誉の誇示ではなく、収益性のある投資に適した資本の蓄積によって生み出されるプロセスであった。

マルクスは貨幣を「一般的等価物」と名づけた。われわれがここで語りたいのもこの等価性についてである。ただし、これをそれ自体として考察するためではなく、一般的等価性という体制が、いまや潜在的に、貨幣や金融の領域をはるかに超えて、しかしこの領域のおかげで、またその領域をめざして、人間たちの存在領域、さらには存在するものすべての領域の全体を吸収しているということを考察するためである。

この吸収は、資本主義と、われわれが見知っている技術発展との緊密な連関を経由する。これこそがまさしく、諸々の力、生産物、作用者ないし行為者、意味ないし価値の無際限の交換可能性と等価性との連関である——というのも、あらゆる価値は等価性を価値とす

＊4　ジャン＝ジャック・ルソー『摂理についてヴォルテール氏への書簡』（Jean-Jacques Rousseau, *Lettre à Voltaire sur la Providence*, dans Bernard Gagnebin et Marcel Raymond (éds), *Œuvres complètes*, t. IV, Paris, Gallimard, coll. « Bibliothèque de la Pléiade », 1969, p. 1061.）〔浜名優美訳『ルソー全集』第五巻、白水社、一九七九年、一四頁〕

るからである。

つまり、破局はどれも同じ重大性をもつのではないが、しかしそのすべてが、一般的等価性を構成する諸々の相互依存の全体と関わりをもつということである。加えて、この相互連関のなかに戦争を加えることを忘れてはなるまい。わけても、「パルチザン」戦争、ゲリラ、「全面」戦争、「世界」大戦、「戦争」と命名された警察行動等々、戦争という概念および実践が近代において被ったあらゆる変容を加えなければなるまい。重火器と軽武器の対称的な発展はそれぞれ戦争を増殖させ、「民間」と言われる人々や、さらには文化、家畜飼育、土壌等々に対してそれがおよぼす影響を増大させていったのだった。もちろん、一般的等価性のシステムを内部から絶えず揺り動かす経済戦争のことも省略するわけにはいかない。

結局、この等価性が破局的なのだ。

とはいえ、資本主義とはわれわれの歴史の悪しき主体であり、それに対してなんらかの良き主体を（あるいは今日好まれる言い方でいえば良き「主体化」を）対置するのがふさわしいなどと結論づけることはできない（良き主体の例としては、「超人間的」、「超自然的」、「超道徳的」ないし「超精神的」なる主体や、「復活した文化」に属する一切のものがあるかもしれない）。[*5] 問題は、対置することや提示することではない。エネルギー問題について解決策（核からの脱出、その管理の変革、成長度合いの縮減等々）を提示しようというのでもない。われわれが示唆できるのは次のことである。すなわち、「文明」とその「グローバル化」とが相互に依存しあった総体そのものが、人類が何世紀も前から——決断も熟慮もなしに——行なってきたいっそう深い方向づけに依存しているということである。人類は今、全般的な破局へと向かっている、あるいは少なくともそういうことが可能な状態にいる。そして、こうした方向づけを規正する（改革したり、別の水路へと導引したり、妨害したりする）というよりは、自らが引き起こしてきたこの奇妙な歴史が何を意味しうるのかについて思考すること、要するに、非常に単純に言えば、人間が十分深刻に引き受けているようにも見えるこの世界——あるいは複数の世界——の存在について思考することが促されているのである。

フクシマは二一世紀の冒頭で、二〇世紀がはじめて大規模に暴発させた恐れや問いをよ

＊5　アドルノはこうした表現を用い、「何ごとも起こらなかったかのように、〈真〉、〈美〉、〈善〉といった自らの伝統的価値を温めなおす文化」とはっきり述べている（アドルノ『形而上学』（Adorno, *Métaphysique*, trad. Ch. David, Payot, 2006, p. 176)）。

みがえらせた。だが、これはその前の世紀にもすでに現れていたものだった。その世紀は、産業革命と民主主義革命という二重の革命に由来する、「ブルジョワ征服者」[*6]の時代と呼ばれていた。この征服は、もはや「ブルジョワ」による支配ではないにせよ、彼らが用いていた機械の支配へと変容したわけだが、それだけではない。同時に、この征服に意味ないし価値を与えるように思われていたものを消散させることにもなったのである。意味ないし価値――マルクスが一般的等価性のもとでは疎外されると述べていたもの――、それ自体が破局的となる。ギリシア語の語源に従って言いかえると、転覆し、激変し、崩壊するのだ。

ギリシア悲劇においては、カタストロフェーによって大詰めを迎えることで、ドラマは終局にいたると同時に解決へといたる。解決といったが、お望みであればこれを、浄化、瀉出、祓除、除反応、解放、放棄と呼んでもいい。カタルシスの解釈史は終わりを知らない。[†1]だがこの歴史は、われわれの強迫観念の歴史でもある。ふたたび見いだすべき意味がかつてあったのだと想定したにせよ、あるいは、「意味」はつねに発明されるわけではないし取りもどすことができるものでもないと想定したにせよ、われわれは一度も悲劇の意味を見いだしたことはないのだ。

われわれはもはや、悲劇的な意味のなかにいるのではないし、キリスト教において悲劇を神の救済へと移しかえたり高めたりすると想定されてきたもののなかにいるのでもない。なんらかの儒教的、道教的ないし仏教的な知恵のなかに滞留することができるのでもない。どのような善良な意図があるにせよ、等価性はこのことを認めないのだ。われわれは、意味の破局へとさらけ出されている。こうしてさらけ出されているからといって、ピンクや青や、赤や黒の布きれで急いで隠さないようにしよう。さらされ続け、われわれに何が到来するのかを考えよう。到来するのは、あるいは出立するのがわれわれであると考えよう。*7

＊6　シャルル・モラゼの著作の表題である（Charles Morazé, *Les Bourgeois conquérants, XIX*^{e} *siècle*, Armand Colin, 1957）。

†1　現在の欧米語のカタストロフないしカタトロフィーという語の語源はギリシア語の「カタストロフェー」であり、強意の「カタ」と動詞「ストロフェー」とからなる。この動詞は「向きをかえる」、「転換する」ことを意味していた。もともとは演劇用語であり、劇（特に悲劇）の結末、終局、大団円、あるいは「どんでん返し」を意味するものであり、必ずしもいわゆる「破局」的場面を含むものではなかった。「カタルシス」については、アリストテレスが『詩学』において述べたような、悲劇のもたらす効果を指すが、ナンシーがここで列挙しているような複数の意味があり、現在も解釈が定まっていないようである。

1

「フクシマの後で哲学すること」――これがこの講演会[*8]のために私に寄せられた要請である。この表現はどうしてもアドルノの「アウシュヴィッツの後で詩を作ること」という表現のことを考えさせる。両者のあいだにはかなりの差異がある。ただし、「哲学」と「詩」との差異ではない。周知のように、これら二つの精神的、象徴的な活動の様態ないし領域は、複雑な、とはいえ強固な近さを保っているからだ。言わずもがなではあるが、差異は「フクシマ」と「アウシュヴィッツ」のあいだにある。この差異は、もちろん、けっして無視したり単純化したりしてはならない。重要なのは、この差異を正確に見積もることである。私が受け取った要請に対して無造作ではない仕方で応答するとすれば、このことが必要であるように思われる。

まず思い起こしておくべきは、アウシュヴィッツはこれまで何度もヒロシマに結びつけられてきたということだ。第二次世界大戦と呼ばれているものの結末は、戦争の終わりを示す休止符となるはずの終結ないし平和として思い描くことのできるものではまったくなく、むしろ次の二つのものを創始するものであった。その一つは、体系的に練り上げられた技術的合理性を有したさまざまな手段でもって、諸々の民族、諸々の人間集団を絶滅させるという企てであり、もう一つは、そこにいる人々のすべてを絶滅させ、その子孫までも削ごうとする企てである。これらの二つの企ての各々は、政治的な、ということは経済的でイデオロギー的な支配という目的に仕えるものであった。加えて、両者の関わりは、アメリカの日本に対する戦争が、アメリカがナチスドイツに対して行なっていた戦争の延

＊7　破局そのものについての、あるいは諸々の破局についての思想は、注目すべきことに、また重苦しいことに、すでに「伝統」を有している。これは少なくともハンナ・アレントとギュンター・アンダースからはじまり、ほかにも多くの論者がいるが、なかでもポール・ヴィヴィリオが熱心に継続しているものである。私は自分がこの連なりに何かを付け加えたり、自分もそこに参入したりしようと思っているわけでない。私としては、現在という句点を打つことで満足したい。ところで、（諸々の）破局に関する——あるいは英語では、（諸々の）災厄（disaster(s)）——に関する著作はきわめて数を増やしてきている。アニー・ル＝ブランは、この問題について一九八九年に書かれたテクストを最近再版したのだが、そこで次のように書いている。「二〇年もあれば、破局についての考察が、いっそう特権的なテーマとなり、哀歌からマニュアルにいたるまで一つのジャンルとなるまでになるだろう」（Annie Le Brun, *Perspective dépravée*, Paris, Éditions du Sandre, 2011, p. 7）。われわれとしては、哀歌にもマニュアルにも、さらには呪詛にも人を魅了するものにもならぬよう、そしてとりわけ思考を中断することにはならぬようつとめよう。

＊8　二〇一一年一二月、東洋大学国際哲学研究センターからの招待で行なわれたウェブ講演会。

長線上にあり、さらに、ソヴィエト連邦を抑止するという同じ懸念を含んでいたという点にもあった。

周知のように、ナチスの企ては、人種主義的で神話的なイデオロギーによって突き動かされており、これが、ヨーロッパおよびキリスト教に起源をもつある狂乱、すなわち反ユダヤ主義という狂乱をその極みにまでいたらせることになった（これはさらに、狂信的な「純粋性」の名のもとで、ロマ、同性愛者、共産主義者、身体障害者へと拡大された）。この点で、ヒトラーの妄想はヨーロッパの産物であり、アメリカ合衆国が――自らが「新世界秩序」[†2]の次元にあり、この秩序を自らの印璽でもって宣言することができると自認している権力として――はぐくんできた支配欲とは本質的に区別される。

それでもやはり、アウシュヴィッツとヒロシマが――膨大な差異とともに――文明全体のとも言うべきある変異に呼応した二つの名であることにかわりはない。すなわち、そのいずれも、それまでめざされてきた一切の目的とはもはや通約不可能な目的のために技術的合理性を作動させるにいたったのだ。というのも、こうした目的は、単に非人間的な破壊ばかりではなく（非人間的な残酷さは人類の歴史のなかでも古くから知られている）、完全に絶滅という尺度にあわせて考案され計算された破壊をも必然的なものとして統合したからである。こうした尺度は、これまで諸々の民族が、競合、敵対、憎しみ、復讐などを通じて知っているようなあらゆるかたちの殺人的な暴力に比して、尺度を超えたもの（démesure）、超過（excès）として考えられねばならない。この超過とは、単に度合いが変わったということではなく、それとともに、そして何よりもまず、本性《ナチュール》が変わったということである。はじめて、抹消されるのが単に敵だけではなくなったのである。集団的な規模での人間の生が、戦闘をはるかに超えたところにある目的の名のもとで絶やされることになり（しかも、犠牲者は戦闘員ではない）、これによって、多数の者の生のみならず諸々の民族の配置そのものをも自らの権力のもとに従属させるような支配が肯定されることになるのである。諸々の生だけではない。さまざまな形態、関係性、世代間関係、表象を有した「生」そのものが、つまり、思考し、創造し、楽しみ、耐え忍ぶといった能力を有した人間的生そのものが、不幸そのものよりもひどい状況へと突き落とされる。寄るべなき朦朧、錯乱、恐怖、昏迷である。

†2　「新世界秩序（*novus ordo seclorum*）」は、アメリカ合衆国の国章（ないし国璽）の裏面のデザインに記された文句。一ドル紙幣の裏側などにも印刷されている。

2

アウシュヴィッツとヒロシマという二つの名に共通するのは、境界を越えたということである。それも、道徳、政治の境界ではなく、あるいは人間の尊厳の感情という意味での人間性の境界でもない。そうではなく、存在することの境界、人間が存在している世界の境界である。言いかえれば、人間があえて意味《サンス》を素描し、意味を開始するような世界の境界である。実際、これら二つの企ては戦争や犯罪そのものをはみ出しており、それらがどのような意味内容《シニフィカシオン》を有しているのかは、そのつど、世界の存在からは独立した領野においてしか理解されなくなる。こうした領野は、固有の合目的性を有し、妄想的であると同時に技術的であるさまざまな可能性が投影された領野である。もっとはっきり言えば、この領野において、合目的性がどこに存するかというと、それは、公然と、この合目的性そのものの増殖に求められることになり、さらには、世界の存在やそこに生きるあらゆるものたちの存在とは無関係にそれ自体だけで通用するような形象ないし権力の指数的な増加に求められることになるのである。

だからこそ、アウシュヴィッツとヒロシマという名は、諸々の名の極限における名となった。すなわち、一種の脱‐名称化（dé-nomination）――脱形象化、脱構成化――しか名指さないような名となったのである。この点に関しては、パウル・ツェランがある詩で語っていることを聞きとる必要がある。この詩は、いくつかの明確な理由で、一方の名との関連でもまた他方の名との関連でも読むことができるものである。

かれらが横たわっていた場所、それは
ひとつの名前を持っている――それは
ひとつの名前を持ってはいない。
彼らはそこに横たわってはいなかった。何かが
かれらの間に横たわっていた。かれらは
むこうを見通せなかった。[*9]

＊9　パウル・ツェラン「エングフュールング」（Paul Celan, *Grille de parole*, traduction Martine Broda, Paris, Christian Bourgois, 1991, p. 93.）〔中村朝子訳『パウル・ツェラン全詩集』第一巻、青土社、一九九二年、三〇七‐三〇八頁〕。

固有名とは、つねにある仕方で意味作用《シニフィカシオン》を通り越すことである。それが意味するのは自分自身であり、その他のいかなるものでもない。これら二つの名のほうは、それがもつ脱‐名称化のために、意味作用を通り越すというよりは、あらゆる意味作用の下に落ち込む、と言うこともできるかもしれない。これら二つの名が意味するものとは、意味《サンス》の全滅なのだ。

ここでフクシマという名に移ろう。この名には、ヒロシマと韻を踏むという縁起の悪い特権がともなっている。もちろん、こうした韻やリズムに引きずられないよう用心しなければなるまい。哲学者の鵜飼哲はこのような危険を警告し、フクシマという名は被害を受けた地域の全体を指し示すには十分ではないこと（彼は宮城県と岩手県を挙げている）、そして伝統的にこの東北地方が中央権力から受けてきた過度の搾取を考慮しなければならないことを指摘している。*10 実際、――敵国の爆撃の的となった――ヒロシマという名と、自然と技術、政治と経済といったさまざまな現象が交錯したフクシマという名を混同してはなるまい。

同時に、これら二つの名の韻が示唆するものから目をそむけることもできない。というのも、この韻は――不承不承、そしてあらゆる詩作に逆らって――、ある近しさの種を摘みあつめているからである。それは、――われわれは二〇一一年三月一一日以降その苦い丸薬をかみしめているのだが――原子力エネルギーである。

3

両者をこのように近づけ、連続性において捉えようとするやいなや、一つの矛盾がたち現れるように見える。軍事用の原子力は民生的な原子力とは異なる、敵国による攻撃は国家的な電力生産ではない、というわけだ。まさにここでこそ、こうした残念な韻による耳障りな詩が哲学へと開かれるのであり、われわれは哲学が「フクシマの後で」何を語りうるかと問わねばならないのである。

まず問題になるのは、この「後で」が何を言わんとしているかである。「後で」には、むしろ、「後続するもの」、後にやってくるものという意味がある場合が多い。これは、たとえば「ポストモダン」と言うときに「モダン」に結びつけられる「ポスト」という接頭辞に与えられるような意味である。これは「モダン」の「後」を指しているが、このこと

---

*10　ペイルルヴァッドで開かれた二〇一一年「八月四日の夜」での講演。以下を参照。http://www.nuitsdu4aout.com/pages/satoshi-ukai-a-propos-de-fukushima-extrait-5659849.html

によって「モダン」自体もまた、つねに「前」にあるもの、先行する時間、未来を予期するもの（「未来派（futurisme）」なる語すらある）とみなされることになる。だが、われわれが問題にしている「後で」は、逆に、後続というよりは断絶に、予期というよりは宙吊りに、さらには昏迷に関わるものである。つまり、この「後で」とは、後などあるのか、続くものがあるのか、われわれはさらにまたどこかへ行くのか、ということを意味する「後で」なのだ。

「「未来」はどこにあるのか」——これが、哲学者の西谷修が二〇一一年三月一一日の津波の一ヶ月後に書いた文章の表題である。未来などあるのか、つまり、未来などないということも（あるいはあったとしてもそれが破局的なものであることも）可能なのか、ということだ。これは、指針、道筋という意味での方向《サンス》＝意味の問題であると同時に、意義ないし価値という意味での意味《サンス》＝方向の問題である。西谷はそこで単に政治的、社会的、経済的な状況分析を展開しているのではなく、「原子力文明」に対する問いかけに着手しているのだ[*11]。

この「後で」に、私としては、ある女性詩人における「後で」をつなげてみたい。関口涼子は、日本との交流関係、文学的関係を保ちつつ、パリで暮らしている。彼女は、津波の日以降につけていた日記（実はその前日の三月一〇日にさかのぼっているのだが、その理由については彼女の本を見られたい）を『それは偶然ではない』[*12]という表題で公刊した。「四月二九日」、彼女はこう書いている。「地震の四九日後。これは仏教の慣わしでは魂が彼岸へと最終的にたどりつくと言われる日だ」。この日記には二重のアクセントがある。「言われる」が、言及されている信仰に対するある種の距離を記す一方、「最終的に」のほうは、この信仰の中身を伝えるとともに、いかなる「彼岸」も慰めになることのないとりかえしのつかないものという響きをきかせているのである。

4

これらの二人の証人がわれわれに託してくれたものからもう一度出発しなおそう。問題は文明なのか、それともとりかえしのつかないものなのか。とりかえしのつかないものの文明なのか、それともとりかえしのつかないものとしての文明なのか。実のところ、私は、

＊11　著者からフランス語で知らせてもらった。日本語のテクストは以下にある。『現代思想』三九－七、二〇一一年五月、三四－三七頁。

＊12　Ryoko Sekiguchi, *Ce n'est pas un hasard*, Paris, POL, 2011.

フクシマの後でという問いはまさにこのようにして提起されるものだと考える。ところでこれは、おおよそのところ、フロイトが『文化のなかの居心地の悪さ（*Das Unbehagen in der Kultur*）』と呼んだものについて語っていたことである。これは、「不安（malaise）」や英語で言う「不満（*discontent*）」というより（ただし、この英語は正しい翻訳なのだが）、居心地の悪さ（mal-être）である。というのも、フロイトがそこでみてとっているのは、人類が、自然の力に対するその支配力でもって自らを破壊するにまでいたったということにほかならないからである。[*13] この文章を一九二九年に書いていたフロイトは原子力エネルギーについて考えていたわけではまったくない。ヒロシマの翌日にカミュが文明の野蛮な自殺行為と呼ぶことになるものをフロイトが予感するには、第一次世界大戦で繰り広げられた技術的な手段だけで十分だったのである。[*14]

ここで問題なのは本当に文明の全体なのかと問うこともできるだろう。というのも、原子力の「民生的」な利用は、その軍事的な利用とは区別されるものだからである。ここでまず思い起こすべきは、軍事的な技術というものは、その他の技術と同じ性質をもち、多くの要素をそこから借用したりそこへと提供したりしているということである。だがさらに言うべきであり、こうした軍事的なものと民生的なもののあいだの区別（対立とは言わずとも）を問いに付すことからはじめなければなるまい。周知のように、戦争という概念は、かつて「世界大戦」と呼ばれたもの以降、また「パルチザン」戦争[*15]と言われるあらゆる戦争、植民地解放戦争、ゲリラ、さらにはより一般的に人間の共同的な生存のさまざまな局面への戦争の絡みあい（軍事的なものであれ経済的、心理的等々のものであれ）以降、少なくともかなりの程度その意味をずらしてきたのだった。

先に引用した西谷修は、二〇一一年三月一九日にすでに、「敵なき戦争」状態について語っていた。[*16]敵なき戦争とはわれわれ自身に対する戦争のことである。原子力の「平和」

＊13　「人間の共同生活は、人間自身の攻撃欲動や自己破壊欲動によって攪乱されている。人類は、これを自らの文化の発展によって抑制できるのか。どの程度までそれが可能なのか。私には、その成否が人間という種の運命を左右する懸案ではないかと思われる。この点で、まさに現代という時代は、特段の関心を向けられてしかるべき時代と言えるかもしれない。人間は今や、こと自然の諸力の支配に関しては目覚ましい進歩を遂げ、それを援用すれば人類自身が最後のひとりに至るまでたやすく根絶しあえるまでになった。」（フロイト「文化の中の居心地悪さ」（嶺秀樹・高田珠樹訳『フロイト全集』第二〇巻、岩波書店、二〇一一年、一六二頁））

＊14　『コンバ』（*Combat*）紙、一九四五年八月八日号の社説。

＊15　この名称はカール・シュミットによる。

＊16　彼が出向くのを断念したパリのある団体へと宛てた書簡。以下を参照。Cf. http://recherche.collegedesbernardins.fr/wp-content/uploads/lettre_Osamu-Nishitani.pdf

利用が提起する問題とは、その究極の、そして究極的に持続的な有害性（nocivité）の問題である。この有害性は、ヒロシマの後でも、スリーマイル島の後でも、チェルノブイリの後でも、あるいはフクシマの後でもつねに同一である。このことはもちろん周知のことだ。だが、それでもなお、解決という領域を超えて考えなければならないことが残っている。というのも、――原子力を断念することであれ、防御策をかなりの程度増やすことであれ――そのような解決は、われわれが生を送り、文明が繰り広げられる場である技術的布置ないし技術的機制全体の軌道のなかに捉われたままだからである。代替技術や制御技術を求める競争は、私がここで急ぎ足で「進歩の」文明、あるいは「自然の支配の」文明と言っておく文明の地平のうちにやはりとどまっているのである。

もしこの文明が、われわれ自身に対するのと同様世界に対する戦争の文明であるとすれば、またもしこの支配が、かつての制約から逃れようとするために逆にますます増えてくる新たな制約への従属へと反転してしまい、あらゆる種類の進歩をわれわれの条件の悪化に置きかえてしまうまでになるのだとすれば、さらにもし、かつて人間の力であったもの――人間の技術力であれ、さらには、技術に抵抗する力であれ――が、人間自身に対して、そしてまたその他のあらゆる存在者に対して自律的な力を決然と行使するようになるとすれば、われわれは、フクシマの破砕した原子炉や、そこから飛び散った物質の有害性を除去する責務と同じくらい緊急の責務に直面することになるのだ。

こうした確認は何も新しいものではない。もしかすると、これまでこうした確認は、「悲観主義《ペシミスト》」と形容されながら、何度もなされてきたのかもしれない。ちょうど、ハイデガーの技術についての思考や、『ヒロシマはいたるところに』の著者ギュンター・アンダースの思考がしばしばそのように形容されてきたように。*17 アンダースのこの著作の表題は、深刻な、とはいえこれまでほとんど認知されていない、いずれにせよ哲学者の世界ではほとんど言及されてこなかった教訓を凝縮したものである。だが、フロイトもまた悲観主義者だと言われてきたのだった。私が今しがた引用した一九二九年のテクストを今日読むと、われわれはむしろその先見の明に驚かされるのだが。

だが、先取り的な予見ないし予知などは存在しないということは確認しておかねばならない。後から振り返ってそのとき予見されていたように見えるものは、単に、そのときしっかり見られていたということにすぎない。重要なのは悲観主義ではなく、明晰さである。幾人かの者にならって、あらゆる時代のあらゆる文化――少なくとも「文明」とみな

*17 Günther Anders, *Hiroshima est partout*, Paris, Le Seuil, 2008.

されたあらゆる文化――はつねに歴史の惨憺たる流れを嘆いてきた、失われた黄金時代を惜しんできたと繰り返し述べることが重要なのではない。われわれの時代――少なくとも第一次「世界大戦」以来そうみなされるようになった時代――とは、「歴史の終わり」を自分たちがもたらすこともできるということ、そしてそれが同時に人間の終わりとなるということを知っている時代なのだ。ギュンター・アンダースはこう書いている。「今日、黙示録は技術的に可能になり、真実らしくさえなったのだから、われわれの目の前にあるのはまさにこの黙示録だけだ。誰ももはやその後に「神の国」がやってくるとは信じはしまい。キリスト教徒のなかでもっともキリスト教的な者であってもだ[*18]」。

アンダースはさらに、この「黙示録（apocalypse）」という言葉の意味が変質したと付け加えることもできただろう。ギリシア語でこの語が意味しているのは、「暴露すること」ないし「啓示すること」である。啓示が顕わにするものが、何も顕わにするものがないという事態であるとすれば、この啓示はふたたび閉ざされることになろう。もしかすると、このことを言いかえて、何ものにも目を覚まさず、いかなる会得へも開かれていない悟りについて語ることもできるかもしれない。

5

フクシマがヒロシマに付け加えるもの、それは、何にも開かれていない黙示録、黙示録自体の否定にしか開かれていない黙示録という脅威が、単に原子力の軍事利用にのみ依存しているわけではなく、またおそらくは原子力の利用全般にのみ従属しているのですらないということである。実のところ、こうした利用そのものがより広範な布置のなかに書き込まれているのであり、そこにわれわれの文明の諸々の特徴が深く刻み込まれているのである。

原子力の軍事利用は、われわれにこの布置の概観を示してくれる。原子力兵器は、それが持つ威力によって、抑止という戦略を生み出すこととなった。これは、新たな平和の条件としてしばしば引きあいに出され、さらには「恐怖《テロル》による均衡」と呼ばれている。周知のように、この均衡それ自体が、核兵器を保持することで自分自身もまたこの均衡の主体となろうとする欲望を、言いかえると恐怖による脅威の主体となろうとする欲望を刺激するのである。ついでに言っておけば、この恐怖《テロル》と、時期的にはそれに先行するいわゆる

---

*18 G. Anders, *Le Temps de la fin*, Paris, L'Herne, 2007, p.115.

「テロリズム」とのあいだには、目にはつかないながらどのような関係があるのかと問うこともできるだろう。概して言いうるのは、恐怖が示すのは、あらゆる関係性の不在ないし超過だということである。恐怖はただそれのみで働くのであり、なんらかの関係を巻き込むことはないからである。

恐怖の均衡のもとでは、強者と弱者の関係、あるいはさらに、より強い者、より弱い者という関係すら存在しない。原子力兵器は、その比類なき威力でもって（厳密に「戦略的」とみなされた兵器については別にすると）、力という観点からは論じることなどもはやできないほどの破壊を可能にする。そこでは一つの同じ絶対的な力がそれぞれの側に行使されることになる。というのも、一瞬のうちでの破壊が可能になるばかりか、あらゆる生物、水や土壌、鉱物に対し非常に長きにわたって破壊ないし損害をおよぼすことが可能になるからである。強者と弱者の関係が消える一方、同時に、力に直面して諸々の戦略を構想し計算するという可能性も消えることになる。『ダビデとゴリアテ』、『ユリシーズとキュクロプス』、『盲目の侍　座頭市』といったタイプの上演はもはや意味をなさなくなるのだ。

力と力の関係がいずれにせよ一つの関係であったのに対し、恐怖の均衡はあらゆる関係を消し去る。これによって、関係は、均衡（*équilibre*）という語が指し示す当のものにとってかわられるようになる。すなわち、緊張関係を平板化し恒常的なものとして保つことでこれを抹消するような等価性（équivalence）である。ここにはもはや厳密な意味での対面関係、他に対面した存在はない。というのも、結局のところ、同に直面させられるのは、同じ同だからである。その力はもはや、それを用いるよう命ずるとみなされた意志に従属するもの、という観点からはほとんど考えられなくなる。不注意や狂気の沙汰でもってこのような力を発動させることができると考えただけで、名状しがたい破壊への恐怖へと陥ることになる。スタンリー・キューブリックの『ストレンジラヴ博士〔博士の異常な愛情〕』という、支持しがたい可能性についての寓話を締めくくっているのは、こうした惨状の展望である。問題となるのはもはや単に人間の決断ばかりではない。この決断そのものが関わる対象が、決断の効果として計算しうる一切のものを超過するまでになってしまうのである。

6

この等価性と計算不可能性という考えでもって、われわれはすでに核の軍事利用を超え出るパースペクティヴを有することになる。実際われわれは、この二つの特徴によって、原子力エネルギーの一般的な利用ばかりではなく、おそらく、いっそう広範に、われわれに与えられた世界において諸々の力が全般的にどのように配置されているかをも特徴づけることができるだろう。

等価性とは、言ってみれば自分自身で自分自身を統治する力が有する性質である。問題になるのが崩壊した原子力発電所であれ爆弾であれ、原子炉や兵器の力がいかなるものであれ、その効果が空間的にも時間的にも尺度を超えているという点で、あらゆる力は同等のものとなる。いずれの力も、それを制御したり、さらには廃止したりするために用いられる方策に対して超過しているという点で、同等のものとなるのである。もちろんこのことはまったく新しいことではない。すでに石炭、電気、石油によって、技術的な面でも政治的な面でもそれを制御する能力を超過するような文明的問題、苦しみ、傷がもたらされていた。たとえば、電気自動車を推奨するために骨を折ることはできるが、しかし今までのところ、電気自動車をガソリン自動車にとってかえるというのはまったく確からしいことではない。石油資源が枯渇するというのは非常に確からしいことなのだが。

問題になるのがその効果を制御したり廃止したりするための技術を「完成」させることであれ、あるいは逆に、そのうちのいくつかの使用をやめたり中和したりすることであれ、いずれの方向性で問題を検討してみても考えなければならないのは、こうしたさまざまな方策が、相補いあいながら、どのようなかたちで相互に依存しあい、絡みあい、複合化しているのか、ということにほかならない。ここには、物質的な技術と、社会的、心理的、政治的な技術とがどのように絡みあい複合化しているかということも付け加わる。自動車に関しては、シートベルト、エアバッグ、速度制限、飲酒運転やその他の薬物を使用した運転に対する取り締まり等々が課せられ、さらには運転手の呼気から一定の割合以上のアルコールが検出されるとエンジンが始動しないという装置までが発明されるにいたった。こうした制御技術の数の増加については枚挙にいとまがないだろう。言わずもがなではあるが、ここにはさらに医療技術、公衆衛生の技術なども絡みあってくる。

医学という領域は、技術の自己生成的展開と呼びうるこうした展開に最適な領域である。たとえば、身体器官の移植は、免疫を抑制させる物質を必要とするが、この物質のいわゆる副次的な効果は、人体にとって有害な場合、さらに別の物質によって抑止されねばならない。だが、この物質がさらなる抑止すべき効果を引き起こすことになり、等々ということにもなりうる。このようにしてまさに化学的な合成物といえる身体ができあがるわけだ。類似の指摘は、癌について、とりわけ、正当な権利でもって癌のなかの癌と呼ぶことができるようなものについても行なうことができるだろう。すなわち、食品産業やその他の産業のなかに位置づけられる原因による癌の増殖である。

こうした自己生成的、自己合成的——あるいは自己錯綜的、自己不明瞭化な——樹枝化を統べているもの、それが私が先に等価性と呼んだものである。すなわち、そこでは諸々の力が互いに抑止しあい、補いあい、置換しあっているのだ。風とか筋肉といった生産されたのではない力（「自然の」力と呼ばれてきたもの）が、蒸気、電力、原子力などの生産された力に代替されるやいなや、われわれは、ほかの力を生産する力と、それとは別の生産力ないし作用力とが緊密な共生を保つという、力の全般的布置のなかに組み込まれることになる。こうした全般的な相互接合によって、あらゆる力の相互作用、反作用、刺激、引力、斥力の無際限の展開が不可避となり、ついには、諸々の力が同から同へのたゆまぬ送り返しのようにして働くまでにいたるだろう。作用と反作用とのあいだには、もはや関わりや関係などはなくなる。あるのは接合、合致と非合致、行ったり来たりの運動である。これは、——「関係」と呼ばれるものがつねに通約不可能な何かとの関わりであり、関係の一項と他項とを絶対的に等価でないものにするものとの関わりであるとすれば――関係ではないのである。

7

同と他とが通約不可能だということは、われわれの決断の力に立ち向かうものが計算不可能だということに帰着させることはできない。フクシマが、人間に対して、その地域に対して、土壌や水や海に対して、日本のエネルギー経済に対して、世界中の原子力発電所のさらなる問いなおし、撤廃、制御に対して、ということはつまり、世界全体のエネルギー経済に対してどのような帰結を持つかということを真に計算できる者は誰もいない。だがこうした計算不可能なものが計算不可能なのは、それがわれわれの計算の能力に立ち向かうからであるが、ただし、同時に、ここで問題になっている対象は――いかに計算の射程の外部にあれ――それでも計算という秩序にとどまっている。

通約不可能なものは、これとはまったく別の性質のものである。それは、計算という秩序に組み込まれることすらなく、他なるもの――しかも、単に他なる人間だけではなく、人間の他者、動物、植物、鉱物、神的なものなどといった――の絶対的な距離や差異へと開かれる。だが、こうしたいくつかのカテゴリーを名ざしながらわれわれが感じとっているのは、次のような技術によって、これらのカテゴリーがいかに脆いものとなっているかである。その技術とは、一例を挙げるならば、動物や植物をその糧となる合成物質へと依存するようにさせたり、あるいは、土壌や植物やその他の産物に放射線を照射したりそれにさらしたりするような技術である（放射線が食料を保存する技術として用いられるということを考えてもらいたい）。神的なものについては、これがこうした操作によってどのように位置を変えるのかについて云々するのは余計だろう。ここで転覆されるのは、実際、諸々の実体、諸々のカテゴリー、諸々の領域が、その存在様態、表象、概念化、想像力の様態に従って配置されるまさにその仕方である。かつて、われわれまでの人類の全体にとって、固有の体制やヒエラルキーや役割を有し、秩序立てられ、形態を整えられた世界があったが、いまやわれわれの目前で展開しているのは、単なる形態の変容以上のもの、すなわち、全般的な変容の可能性である。これは一まとまりの変容原理や法則を供するのではなく逆に、これによってあらゆるかたちの変形、置換、転換、変質でもって様相や方向性や因果関係が多様化し複雑化しているのである。

　このことが世界のなかで出現したのであり、そして今、世界として、しかも現代物理学が考えるように複数的世界として出現しているのである。[†3] すなわち、つねにいっそう緊密となりいっそう網状化する相互関係、相互依存へと諸々の存在を置きなおす、強い、強度の意味での循環、相互作用、コミュニケーション、インフォメーションとして出現しているのである。こうした相互連結の主たる要素は、非常に大きな数というかたちでの計算不可能なものである。そしてこの非常に大きな数――宇宙論で「無限大」と呼ばれるものや、亜原子レヴェルでの「無限小」もここに属する――がわれわれの経験のレヴェルで現れるのは、人口（この文章を書いている時点でまもなく七〇億人である）や消費エネルギー量、実際の輸送量、生産物の量、登録された特許件数、契約締結件数などにおいてだろう。こうした非常に大きな数は、つねに増大する全般的な相互連結の過程の効果であると同時にその動因でもある。さらには、自然現象の効果を――こうした現象がそれ自体として技術的な原因によって触発ないし誘発されるかどうかは別にして――かなりの程度倍増させることもある。今日のハリケーン、津波、干ばつは、たった一〇〇年前にそうであったものとは比較にならないくらい甚大な結果を引き起こすものとなっているのだ。

†3　「複数的世界」というとき、現代の宇宙論において呈示される「多元宇宙（マルチヴァース）」の仮説が念頭に置かれている。本書第二章九三頁、訳注六を参照。

8

フクシマという出来事は、おそるべきかたちで範例的となった。というのもそれは、大地震、密集した人口、（管理の不十分な）原子力施設、公権力と私的な施設管理の複合的な関係——ここからさらに広がる他の諸々の関係について述べることはよそう——のあいだの緊密かつ粗雑な連関をさらけ出すものだからである。

フクシマで生じたこうした接合が例外的なものだと考えるべきではない。それはもちろん日本においても例外的ではないし、世界規模でも同じである。もちろん、大地震と脆弱な原子力発電所はそれほど頻繁に重なるものではないが、それでも、原子力エネルギーを扱うところではどこでも、ほとんどあるいはまったく計算できない規模のリスクが存在する。こうしたリスクは、原子力産業に限られない——私が思うに、われわれの未来についてできるかぎり考えるためにも、もっぱら原子力のみを焦点化することを乗り越えねばならない。原子力に固有のリスクに、——二酸化炭素の排出や魚の種の枯渇であれ、遺伝生物学の技術や生体認証《バイオメトリクス》の技術やナノテクノロジーであれ、電力‐金融技術であれ——われわれの技術全体と関連するリスクのすべてを結びつけなければならないのである。

われわれが考えなければならないのは、われわれの技術化された世界の相互依存的な全体――この世界とは、まさに人間の創造《クリエーション》による世界であり、同時に、存在するあらゆるものを潜在的にはすべて従属させる世界である――がどのような実相を有しているのかということである。われわれの相互依存を雄弁に説明してくれる例が二つある。一つはＲＦＩＤ（電波による個体識別（Radio Frequency Identification））というつねに増大し続けているシステムである。これによって、あらゆる種類の位置標定、追跡、接続、そして統御《コントロール》が可能になる（その先駆者は「バーコード」である）。もう一つは、「原子時間」による規定である。この時間は、地球的な時間からは独立し、情報の伝達、計算、変換などの多くの営為に必要とされる惑星規模の同期化のために求められるものである。

ところで、全般的な相互連関、等価性、計算不可能性といった特徴を、言うなれば純粋状態であわせ持つ技術が一つある。それが貨幣技術という、資本主義文明が生じた源である――というのも、まさにこれがその固有名なのだから。マルクスが貨幣を「一般的等価物」と呼ぶときに言い表していたのは、商品交換の原則以上のことである。[†4] マルクスが言

†4　マルクスにおける「一般的等価物」については、カール・マルクス『資本論』第一巻、とくに第一篇「商品と貨幣」を参照。

い表していたのは、あらゆる生産物や生産力は等価であり、交換可能で転換可能性であるというかたちで規定される価値へと、一切の価値が全般的に吸収されるという原則である。ここでの「価値」という語でもって、かつて、あるいは幾人かの者たちにとっては今も「価値」をなしている観念的な実体のことを考えるべきではない。こうした実体は、フェティッシュであり、「祖国」ないし「名誉」、「正義」ないし「家族」、「人間」ないし「ケア」と名前がつけられることで意味が縮減されているのだ。意味が縮減されるというのも、そこでは意味が凝固し、沈殿し、表象されるからである——ここでの表象とは、まさしく、終わりなき等価物の流れのなかで失われる意味の残滓が物象化したものにほかならない。

これこそがわれわれの文明の法則である。そこでは計算不可能なものが、一般的等価物として計算されることになるのだ。このことが意味するのはまた、そこでは計算不可能なものが計算そのものとなる、ということである。貨幣の計算となると同時に、深い結びつきによって、目的と手段の計算、終わりなき目的の計算、生産者と生産物の計算、技術と利益の計算、利益と創造物の計算等々となる、ということである。

つい先ごろ、欧州中央銀行の前総裁が退任間際にこう語った。「金融部門はその価値を変えねばならない」[*19]。この宣言は、一連の金融危機がはじまって以来、何百通りもの言い方ですでに語られてきたものであるが、しかし、こうした表面的な形式の裏には、激しい皮肉が込められている。世界金融の相互接合の担い手たちは、純粋な等価性のほかには価値を持っていない。とすると、「価値」を変えるというのは彼らが自らの職を失うということになるだろう。ともかく、このような変化への訴えが顕わにするのは、この単純な真実を考えることの拒否であり、それと表裏一体となった、一般的等価物を有徳に操作するという可能性への素朴な信仰である。

9

だが、われわれはいまや、マルクスがこの表現に与えていた意味を超えたところにいる。マルクスにとって貨幣の等価性とは、実際に生きられた生産の現実——その社会的な真理が真なる人類の創造である——によって、その魔術を解くことができるものであった。これこそが、マルクスにとって、自分自身の超克へといたる資本主義の歴史的な振る舞いなのであった。

われわれが置かれているのは、これとは別の超克、すなわち「真なる人類」についての

＊19　ジャン＝クロード・トリシェとの対談（『ルモンド』二〇一一年一〇月二九日号）。

あらゆる展望の霧散という超克である。自然的、経済的、さらにイデオロギー的といったあらゆる従属から解放され、脱疎外化された「全的」人間を表象するという可能性は、一般的等価性があらゆる合目的性やあらゆる可能性の等価性ないし相互接合となるという進歩そのもののなかで消え去ったのである。

われわれはいまや、七〇億の人間存在であり、何億何兆というその他の生物とともに相互依存のなかに置かれている。この相互依存のなかで、「自然」と「技術」の区分、さまざまな技術のあいだの区分、目的と手段との区分、自己目的たるわれわれの存在と無際限に等価的となった目的に仕える手段たるわれわれの社会的生との区分、こうした区分がすべて消え去ったのである。富、健康、生産性、知識、権威、想像力、これらはすべて同一の論理のなかに組み込まれる。この論理は、量の質への転換を大原則としているように思われる。ここでは、貨幣であれ、人口であれ、速度であれ、力であれ、循環であれ、情報であれ、その他のものであれ、多量のものが法となる。どの場合でも、これらすべての領域の相互接合にあっては、「質」、言いかえれば「価値」ないし「意味」は、あらゆる多量のものの相関的な相互作用のなかに四散する。「ニヒリズム」と呼ばれてまもなく二世紀になるものは、運命を統御するものとしての技術という希望に対してかつてわれわれが託したものの正反対の面である。コミュニケーション（communication）は感染（contamination）となり、伝達（transmission）は伝染（contagion）となるのである。

この点でこそ、フクシマは範例的である。地震とそれによって生み出された津波は技術的な破局《カタストロフ》となり、こうした破局自体が、社会的、経済的、政治的、そして哲学的な震動となり、同時に、これらの一連の震動が、金融的な破局、そのとりわけヨーロッパへの影響、さらには世界的ネットワーク全体に対するその余波といったものと絡みあい、交錯するのである。

もはや自然的な破局はない。あるのは、どのような機会でも波及していく文明的な破局のみである。このことは、地震、洪水ないし火山の噴火など、自然的と言われる災害の各々についても示すことができるだろう。われわれの技術が自然に対して引き起こした諸々の激変については言うまでもない。

実際、われわれは自然を変質させたのであり、もはや自然について語ることはできないのだ。われわれは、もはや自然と技術との区別が有効性を持たず、同時に、「この世界」となんらかの「他の世界」との関係もまたもはや有効性を持たないような、そうした全体性について思考することができるようにならねばならないのである。われわれの思考に対して課せられるこうした条件は、しばしば「文明の危機」と呼ばれているものをはるかに超え出たものである。それは、われわれが同一の文明の方策でもって治癒することができるような危機ではないのだ。この条件はまた、「文明の転換」としばしば呼ばれているものをも超え出る。こうした転換を決断することも、それをめざすこともできない。到達すべき目的を素描することができないのだから。

われわれの思考はもはや、危機についての思考や、投企についての思考であるべきではない。ところが、われわれは「最善のもの」についての思考のモデルとしてはほかに何も知らないのである。われわれは、なんらかの「最善のもの」を欲して以来、世界や人間を変革し改善しようと欲して以来、ふたたび生まれ変わる、新たに生まれ変わるといった観点でしか思考してこなかった。すなわち、世界や人間をよりよいものにする、よりよく作り直すという観点でしか思考してこなかった。こうしたことはおそらく、仏教、儒教、ヘレニズム、西洋一神教によって特徴づけられる大きな歴史的布置とともにはじまったのであろう。言いかえるならば、この歴史的布置とは、神々の世界に対する人間のまさに供犠的（自己犠牲的）な関係の終焉によって特徴づけられるものである。神的なものは、つねに、あるいはいたるところで消え去ったというわけではないにせよ、その意味を深く変えたのだ。それは、西洋においては人間の神格化（「無神論」と呼ばれる）へと移行することにもなったのである。

だが、この神格化は、今度は自らの場所を明け渡すことになった。というのも、「人間主義《ヒューマニズム》」は、「人間の真の偉大さ」[*20]も、「自然」の偉大さも、「世界」の偉大さも、さらには存在することの一般の偉大さも思考することができないからである。それが自らの場所を明け渡したのは、相互接合に対して、一種の全般化された環境主義に対してである。そこではあらゆるものが、技術的無意識と呼ぶことができるものによって網状に取り巻かれ、含みこまれ、発展していくことになる。[*21]「無意識」というのは、ここでもまた、まず何よりも、あらゆる存在者の絡みあった織物を指す。この織物、すなわち、われわれの近

---

*20　マルティン・ハイデガー『ヒューマニズムについて』（Martin Heidegger, *Lettre sur l'humanisme*, traduction de Roger Munier, Paris, Aubier-Flammarion, 1964, p.75）〔渡邊二郎訳、ちくま学芸文庫、一九九七年、五六頁〕。

*21　エーリヒ・ヘール「テクノロジーの条件」（Erich Hörl, « Die technologische Bedingung », in *Die technologische Bedingung*, Berlin, Suhrkamp, 2011, p. 28）を参照。加えて、ここで取りかかるべきは、「科学」（ただし、この語を単数形で理解するという条件で）に帰すべきものは何か、「技術」に帰すべきものは何か、さらにどの点においてこの両者を繋げる必要があるのか、それともないのかといった問いかけであろう。

代において「内在」――いわば「自己」なき自己への密着――というモティーフを促進したおびただしい文脈化〔共‐組織化（contextualisation）〕が、神の後に、「主体」、「意味」、「アイデンティティ」、「形象」などに対する正当な問いかけ、嫌疑、疑いを生み出すことになったのである。

だからといって、こうした内在や錯綜を、われわれが過去に有していた超越が減退ないし退化したものだと考えなければならないのではない。われわれにかかっているのは、ふたたび生まれ変わる、新たに生まれ変わるといった観点とは別の仕方で思考することである。そのためには、少なくとも、「技術」とは何を意味するのかということについての理解を刷新することからはじめなければなるまい。これを、「自然」と想定されたものに対立させたりそれと対のものとしたりすることはもはや十分ではないのだから、ハイデガーが「存在の最後の歴運」と呼んだものについて――また新たにということになろうとも――思考しなければならないのである。このことが意味するのは少なくとも次のこと、すなわち、技術とは諸々の操作的な手段の総体のことではなく、われわれの存在様態なのだ、ということである。この様態は、われわれをこれまで未聞の合目的性の条件へとさらす。すなわち、あらゆるものがあらゆるものの目的かつ手段になるという条件である。ある意味では、目的も手段ももはやない。一般的等価性は、こうした両義的な意味をも有している。あらゆるものが相互に送り返されるなかで作動するのは、あらゆる構築物の破壊ばかりではなく、それとともに、集め合わせること（assemblage）なき堆積という意味で、私が集積（struction）と呼びたいものなのである。*22

われわれはどのような集め合わせを想像できるのだろうか。世界の諸部分、さまざまな世界、そこを経由する諸々の存在を、どのように集め合わせるのか。「われわれ」を、あらゆる存在者を、どのように集め合わせるのか。フクシマは、原子力をもはや使わないのか、それとも別の仕方で使うのか、という選択へとわれわれを巻き込むこともあるだろう。私はこうした選択が惹起する考察の細部に入っていくことはできない。私が主張しうるのは、逆に、どのような選択をしたにせよ、合目的性そのものから抜け出すのでないならば、すなわち、未来一般を志向し、投企し、投影することから抜け出すのでないならば、われ

*22　ジャン＝リュック・ナンシー「集積について」（« De la struction », in Aurélien Barrau et Jean-Luc Nancy, *Dans quels mondes vivons-nous ?*, Paris, Galilée, 2011）を参照〔本訳書七三頁、第二章〕。集積（Struction）とは、言ってみれば、脱構築（déconstruction）の最終状態を表すものである。これによって、脱構築の哲学的要請も――これまで見られた軽薄な訴えを超えて――よりよくみてとることができるだろう。

われわれは目的と手段の終わりなき等価性から抜け出すことはないだろう、ということである。われわれの目的が未来にある目的となったこと、このことは、西洋と呼ばれるもの、あるいはより一般に「近代」と呼ばれるものの主要な産物だったのだろう。「ポストモダン」について語ることも、もしそれが、来たるべき意味の単位としての未来への志向を超え出ることという意味なのであれば、それも正当であろう。ただしそれは、いまだに後続、前と後という図式に捉われているために、不十分なものにとどまるのだが。

逆に決定的なのは、現在において思考すること、そして現在を思考することではなかろうか。[*23] もはや、来たるべき目的（fin）、あるいは複数の目的（fins）を思考したり、ましてやこの目的が幸福にも無秩序に四散することを思考したりすることでもなく、近さの要素としての現在を思考することである。目的はつねに遠ざかるが、現在は——世界との、他者たちとの、自己自身との——近接性の場である。「目的（fin）」についてあくまで語るのであれば、現在は自らの目的を自らのうちに有すると言わねばなるまい。——それは結局のところ技術と同様なのだが、ただし、そこには「最終的（finales）」という表象は付け加わらない。現在が自らの目的（fin）を自らのうちに有するというのは、目的および終止というこの語の二重の意味においてである。合目的性（finalité）と有限性（finitude）の接合

──このことが意味するのは、よく考えてみるならば、無限なるものの開放性である。存在することを、無限に意味をなす能力として認識することである。到達すべきいかなる目標ともならないが、とはいえつねにその近くにあることが可能なもの、こうしたものとしての「意味《サンス》」についての思考である。フクシマはあらゆる現在を禁ずる。それは、未来への志向の崩壊なのであって、そのために他の諸々の未来へと働きかけなければならないのである。実際、他の未来へと働きかけてみよう──ただし、つねに更新される現在という

＊23　私に対し、ここからの議論で、私が解決という問題について、つまり提起されている問題について、言い逃れをしているのではないか、観念論に逃げているのではないかと言う向きもあろう。だが、観念論的な解決はそれでもやはり解決にとどまる。ところで、問題は、「問題 - 解決」という対とは別のものなのである。答えるべき問いは、あなたたちは新たに一つの文明を欲しているのか、それは文明という名に値するのか、という問いである。問題と解決とは、それら自身が生まれた文明からしかやってこない。しかし、われわれが受け取る問いは、別のところからやってくるのであり、より遠くへと赴くものである。この問いは、「解決」以前に、なによりもまず思考を引き起こす。今から出発して、遠きものを迎接するような思考である。もしかすると、もう一つの文明とは、すでにそこに、われわれのうちにあるのかもしれない。とはいえ、このことは、未来に対して目を見張ること、未来を守ること、前進や変容によって、あるいは闖入や変革、あるいはさらに命令や肯定によって未来を到来するがままにすること、こうしたことをなおざりにするものではけっしてない。こうした形態が混じりあうことで、破局とは反対のものが生み出されるのだ。

条件のもとにおいて。

10

私がこうして喚起してきた現在とは、即時的なものとしての現在のことではないし、理性や欲望が、過去も未来もなく、昏迷や満足感のうちに凝固するという単なる不活性な位置のことでもない。あるいは、決断の際の束の間の閃光のような瞬間のことでもない。こうした決断の典型は、一つの口座から別の口座へと数百万という金額を移し替えるトレーダーに見られるだろうが、このような現在は、自らが望んでいると同時に無視したがっている未来へと向けて逃れ去る、という現在なのである（もちろん、過去のノスタルジーや、太古のものの収集へと逃れるということも可能である）。私が語っている現在（présent）とは、何ものか、あるいは誰かが自らを現す（se présente）現在である。すなわち、一つの到来の、接近の現在＝プレゼント（le présent）である。[†5] そうするとこれは、一般的等価性の正反対のものである。一般的等価性とは、相次いで後続し、そのために数えあげなければならない諸々の時間測定的な現在の等価性のことでもある。その正反対ということは、諸々の特異性の非等価性ということだ。すなわち、諸々の人々、瞬間、場所、振る舞いの非等価性であり、昼や夜の時間、差し向けられたことば、過ぎ去る雲、巧みな遅さで成長する植物、こういったものの非等価性である。この非等価性が存在するのは、こうした特異的なもの——色や音や匂い——へと注意が向けられることによってである。満開の桜を見るという、日本語で花見と呼ばれている習わし——これが世界中で有名なのは偶然ではない*24——、あるいは、貴重な——とはいえその「値打ち」は商品的なものではない——石の輝きに視線を落とすこと、さらにまた、ヘルムート・ラッヘンマンの『ヌン』(Nun)、

---

†5　フランス語で présent は「現在」を表すとともに「贈り物」ないし「プレゼント」も表す。一方、動詞の présenter は、他動詞としては「紹介する」、「提示する」、「差し出す」といった意味を、再帰代名詞（動作主自体を指す代名詞）を伴うと「自己紹介する」、「自分を現す」といった意味を持つ。いずれにせよ、問題になっている「現在」は、本書第二章第五節（九六頁）でも言われるように、直線的な時間のうちで過去から未来へと移行する一地点ではなく、そのような連関には回収されず、「襲来」し、この連関のうちに「断絶」を刻み込むような、特異的な様相をもった時間性である。

*24　私は、この箇所を書いてからしばらくして、村上春樹が二〇一一年六月にカタルーニャ国際賞を受賞したときの演説を目にした。彼は、フクシマについて語りながら、日本の儚さという文化に言及し——「我々は春になれば桜を、夏には蛍を、秋になれば紅葉を愛でます」と述べている——、これに対し「倫理や規範」の修復できない破壊を対置している（仏訳はウェブサイト「senri no michi」の『ともに種を植えよう（Planting seeds together）』による）。

このタイトルは「今」という意味であるが、その最後の、Musik〔音楽〕という語のkという音色などである。

そのつど問題になるのは、個別的な顧慮であり、注意ないし緊張であり、尊重であり、さらには特異性そのものへと向けられた崇敬[†6]（adoration）とすら言いうるものである。それは、安易なエコロジーの言説が勧奨するような「自然の尊重」や、それとは別のしばしば省察が不足している言説が勧奨するような「人権の尊重」には——こうした尊重自体は軽視すべきではないとはいえ——ほど遠いものである。そうしたものよりもむしろ、言葉の強い意味での敬意（estime）、すなわち見積もり（estimation）というその模造品とは正反対の意味での敬意である。というのも、見積もりあるいは評価（évaluation）とは、貨幣の等価性であれ、力、能力、個人、リスク、速度等々の等価性といったその代用品であれ、一般的等価性の計算の系に属しているからである。敬意のほうは逆に、——花、顔、音色といった——特異的なもの、それが現前へと到来する際の特異的な仕方に向けられるものなのだ。

結局のところ、敬意は、それ自体を超え出て進み、評価しえないものへと向かう。この評価しえないという表現は、フランス語では、どんな値段もつけられないほど貴重なものを指し示すときに用いられる表現である。それは、計算不可能な何ものかであり、それがあらゆる計算を超え出ていると想像してみることすらできないようなものなのである。

私が喚起したい現在とは、一般的等価性や、それによる過去や未来の時間の見積もり、骨董品の堆積や計画の構築から向きを変え、こうした特異的なものの敬意へと開かれる現在である。ほかのどのような文化も、われわれの近代文化ほど、古文書や将来の予測を絶えず蓄えるという経験を持ちはしなかった。ほかのどのような文化も、過去や未来を現在化し、現在から、それに固有の過ぎ去りという性質を奪うことはなかった。逆に、ほかの文化はどれも、特異な現在的存在の接近に留意する術を知っていたのだ。

確かに、こうした文化の多くは、同時に、圧政、暴虐、奴隷制や不安などを耐え忍んでもいたのであり、近代文化はこうしたものを廃止しようとしてきたのだった。だが、われわれの近代文化は、自分自身を圧政、暴虐、奴隷制や不安として耐え忍ぶにいたったのだ。フクシマの後で、われわれにかかっているのは、自沈するこの文化の内部においてであれ外部においてであれ、別の道を開くことである。

†6　「崇敬」については、ナンシーの近著『崇敬　キリスト教の脱構築II』（*L'Adoration, Déconstruction du christianisme II*, Paris, Galilée, 2010）を参照。

このことをはじめるにあたり理解しなければならないのは、等価性とは平等性ではないということだ。等価性は、フランス共和国が自由と博愛のあいだに置いた、これら二つの観念の綜合ないし超克とみなしうるような平等性のことではない。ここで平等性ということが指し示しているのは、あらゆる人間存在が尊厳の点で厳密に平等だということだ[*25]——もちろん、あらゆる生き物、あらゆる存在者にとっての、別の種類の尊厳が排除されるということではない。尊厳とは、絶対的に価値を有する価値につけられた名である（カントが用いるように、尊厳はドイツ語ではヴュルデ（Würde）であるが、この語は価値、ヴェルト（Wert）という語と同族である）[†7]。それは、言いかえるならば、「価値をもつ」ということがなんらかの尺度に基づくということを含むとすれば「価値をもつ」ことのないもの、評価しえないもの、通約不可能なもの〔＝共通の尺度のないもの〕という意味での値のつけられないものの名である。平等性とは、「民主主義」という理念が——商品の等価性と「主体」のアトム化というどちらも破局的なものを同時に巧みにかり立てることによって——まずもって考えさせてくれるような諸個人の等価性ではない。まったく逆に、「民主主義」を思考するためには、通約不可能なものたちの平等性から出発しなければならないのだ。つまり、ほかのものに還元できない絶対的に特異なものたちの平等性である。それは個人でも社会集団でもなく、諸々の出現すること、到来し出立するもの、声、音である——ここでいま、その都度。

明日のために平等性を要請すること、それはまず、今日それを肯定することであり、同じ身振りでもって破局的な等価性を告発することである。それは、共通の平等性、共に通約不可能な平等性を肯定すること、非等価性のコミュニズム†8を肯定することである。

＊25　あるいは、エティエンヌ・バリバールの言う平等自由（égaliberté）である。

†7　たとえばカントの『人倫の形而上学の基礎づけ』を参照。次のようなカントの主張は本書の理解にも有益だろう。「目的の国においてはすべてのものは、価格（Preis）をもつか、それとも尊厳（Würde）をもつか、そのいずれかである。価格をもつものは、何か別の等価物（Äquivalent）で代替できる。ところが、それとは逆に、一切の価格を超出した崇高なものは、したがっていかなる等価物も許さないものは、尊厳をもつ」（平田俊博訳『カント全集』第七巻、岩波書店、二〇〇〇年、七四頁）。

†8　ここで「コミュニズム」としたのは、もちろんcommunismeであって、通常「共産主義」と訳される語である（明白に後者を指す場合には「共産主義」とのみ訳した）。しかし、本章および第三章に明白なように近年のナンシーの思想においてマルクスが一つの参照項となっているにせよ、ここで「コミュニズム」と言われているのは、マルクスの言う、あるいはマルクス主義と結びつけられた

理論的ないし実践的な思想体系としての「共産主義」ではない。一言で言うならば、それは「共に」あること、しかも「分有（partage）」として「開かれ」たかたちで「共に」ある（ないし「共出現」する）ことを指すものと言える。ナンシーにおけるこの語句の射程については、本訳書第三章に加え『無為の共同体』（西谷修・安原伸一朗訳、以文社、二〇〇一年）、『共出現』（大西雅一郎・松下彩子訳、松籟社、二〇〇二年）および「共産主義、語」（コスタス・ドゥズィーナスほか編『共産主義の理念』水声社、二〇一二年）などを参照されたい。

II

集積《ストリュクシオン》について

1

技術は自然を代補する。自然はなんらかの目的（家やベッドのような）を保証するものではないのに対し、技術は自然を代替し、そして、その目的やその手段に対して自らを付け加えるというかたちでそれを補足する。この代替と補足という二重の価値こそ、デリダが「代補の論理」[†1]のうちに組みこんだものである。だが、この論理自体がどこからきた

†1　「代補（supplément）」とは、ジャック・デリダの用いた考え方。この語には、「代替物」、「代わりのもの」という意味と同時に、「捕捉」する、「補う」という意味がある。デリダの『グラマトロジーについて』（足立和浩訳、現代思潮社、一九七一年）によれば、「代補の論理」は、外部は内部に二次的ないし偶然的に付け加わるのではなく、逆に内部のものの可能性を条件づけるというかたちで、外部性と内部性の二項対立を無効にするものとされる。

のか、どのような審級に支えられているのかと言えば、それはまさしく技術と自然との関係にほかならない。こうした二重の概念をもつ代補とは、つねに技術（technique）、技巧（artifice）ないし芸術（art）――これら三つの語は、この点ではほとんど同義語である――に基づいているのだ。

いずれにせよ、そのためには二つの条件が必要である。まず自然はなんらかの特徴的な欠如を示さなければならず（たとえば、自然は避難する場所を提供できても、家を提供することはできない）、さらに技術は自然に対して自らを接合させることができなければならない（自然の資源や力を利用するというかたちで）。まさしくそうなっている。少なくとも、ヒト（*homo*）と呼ばれるさまざまな種類ないし種の動物は、自然によっては満たされない欲求（居住したり、体を温めたりといった）を示しているし、他方ではヒトが発明した技術は自然のなかから使える資源を見いだしている（よく切れる石や火などがそうである）。もしかすると火はこのような代替の象徴的な結節点となっているのかもしれない。火は、雷雨や火山の爆発、ガスの自然燃焼などで生じることもあるし、よく言われるように、最初の人間の主たる「発明」でもあるのだ――もちろん、人間が発明したのは燃焼ではなく、燃焼の「技術的な」保存および生産なのだが。火についてあてはまることは、電力や半導体、光ファイバー、核分裂や核融合で発生するエネルギーについてもあてはまる。つねに自然は技術の一次素材を支え、提示するのだが、技術のほうもまた、自然の資源を自分自身の目的のために変質させ、変容させ、転換するのである。

以上の考察は、非常に簡潔なものとはいえ、重要な帰結をはらんでいる。技術は自然の外部からくるのではない、ということだ。技術は自然のうちに自らの場を有しているのである。言いかえると、自然とは自らの目的を自分自身で成就するものだと規定するならば、──技術を用いることができ、そして技術を必要とする動物はこの自然から生じるのだから──技術もまた、自然の目的の一つとして受けとらねばならない、ということだ。

技術は今度は自分自身で発展していくようになる。技術はもはや単に自然の不十分さに応えるばかりではなく、自分自身で期待を生み出していき、自分自身から生じた要求に応えようとするようになる。このことが、植物や家畜の選別が発明されて以降生じるようになったことである。そこから、比較的自立した、独自の秩序が構築されるようになり、これが、特定の可能性を有したさまざまな新たな期待や要求に基づいて展開するようになった。これは、単にさまざまな材料や力を配列させたもの（てこや水車などの「単純機械」と呼ばれるものなど）に限られたことではない。それ自体が新たな目的のために産み出された素材《データ》に基づいて組み立てられた論理をさらに練り上げていったものもそうである。そのもっとも典型的なものが蒸気の力であるが、さらに、ガスや石油、電気の力、原子力、さらにはサイバネティックスやデジタル計算などもそうである（こうした非物質的な素材も、ケイ素や重水素といった物質を新たに処置し配列しなおすことを前提にし、また同時にそのことをいっそう促進するのである）。

このような展開を深いところで差配しているのは、しばしばそう考えられているように、「機械《マシーン》」ではない。機械は、何かわからないような無から生じるのではない。機械そのものはすでに仕組まれている、すなわち、人が提示する目的に応じて構想され、練り上げられ、構造化されているのだ。偶発事に由来する発明についての逸話（鍋の蓋を動かす蒸気の観察など）を持ち出したからといって、技術発明のプロセスが諸々の志向の展開でありこうした志向によって方向づけられた探求のプロセスであるという点があいまいになるわけではない。人はより速く、より遠くまで、大洋を超えて行ったり、より大量のものを生産したり、遠くの敵を攻撃しようとしたりする。人はまた、それに合わせて、より多くの商品を運んだり、そのために投資したり、そのリスクを請け負おうとしたりする。金融技術は、独立して競争する企業家たちを前提として展開するという点では、言いかえると、共同的な生の空間全体を構造化する社会的、政治的、法的技術を前提とする点では、海運技術と同等なのである。

こうして、技術「なるもの」は、今日ではむしろ「テクノロジー」と呼ばれるような技術の秩序に限定されるものではまったくない。技術とは、つねにいっそう分岐し、絡みあい、複合化する目的、いやむしろ、自分自身の構成をつねに再展開することをその特徴とするような目的を、複雑かつ際限なく構築するという、目的の構造化――あるいはお望みであれば、思想、文化、文明と言ってもよい――のことなのである。音や映像や情報が、手で触れることのできる媒体を介することなく伝達されることによって、諸々の装置も生活様式も新たに配置しなおされる。病気や出生率や寿命に対し、諸々の介入を通じて働きかける可能性、さらにはこの介入という目的のために発明された物質を通じて働きかける可能性によって、社会や性や情動についての新たな条件が生み出されるのである。

この段階では、目的と手段はたえず役割を入れ替える。技術が展開する全般的体制のもとでは、目的が発明されるとしても、この目的そのものが手段という観点で思考されることになり（不妊症をいかに乗り越えるか、動画をいかに送信するか）、さらに手段が発明されるとしても今度はこれ自体が目的と同等のものとなる（長生きすることは良いことだ、貨幣がいっそうの貨幣をもたらすのは良いことだ）。だからこそ、諸々の美術的技術――言いかえれば、「芸術」、つまり目的それ自体の享受としての、それ自体として価値のある形態の享受としての技術――は、あらゆる関係を必然的に目的へと差し向けることになりうると同時に（身体、商品、場など、すべてを映像や音やリズムに置きなおさねばならず、すべてを提示というかたちで実体化しなければならない）、目的性についての問いかけの特権的な領域ともなりうるのであり（なぜ芸術か？　何になるのか？）、さらにまた、この問いかけがアイデンティティへの疑念（芸術とは何か？　それは何の役に立つのか？）ともなるのである。

こうして、構築と脱構築とが緊密なかたちで相互に帰属しあうようになる。目的と手段という論理に従って構築されたものは、極限において脱構築される。この極限では、目的は目的なきものとして現れ、手段のほうは、新たな構築の可能性を生み出す一時的な目的として現れることになるのだ。自動車が高速道路を生み出し、高速道路は新たな移動の様態、新たな移動の規範を生み出した。それによってさらに、都市は、交通手段（トラムなど）を新たに生み出すと同時に、結局「都市」という目的性それ自体をも新たに生み出す必要性に迫られることになる。カメラやデジタル編集は、いまや単に映画の形式的な風景ばかりではなく、その技術の意味や意義をも脱構築し、再構築しつつある（音声の電子的な処理についても同様である）。

2

このプロセスのもっとも全般的な争点は何かと言えば、それは意味《サンス》である。われわれはこれまで、意味を、究極的な展望、最終的な目的（歴史の目的であれ、知恵の目的であれ、救済の目的であれ）へと関係づけるのが常であったが、今や、目的が手段を増殖させると同時にたえず手段へと変容するという事態が見いだされることになった。この観点では技術はニヒリズムと対をなしていると言えるかもしれない。われわれがこれまで思い描いてきたのが目的（価値、理念、意味）の解体であったとすれば、今や、目的の際限なき増加が、そして同時に、諸々の目的の等価性、代替可能性が現れてくるのである。

だが、まさにここでこそ技術は教訓をもたらす。技術が生じるもととなった自然は、技術を通じて、自らは目的を持たないということをまさしく顕わにするのだ。周知のように、「薔薇はなぜという理由なしに咲いている。薔薇はただ咲くべく咲いている」[†2]と語られていた。だがこの「なぜなし」があくまでも開こうとしていたのは、無償性という隠された領域との、多かれ少なかれ無声の、多かれ少なかれ潜在的な関係であった。それは、われわれがかつて（もはやそこに神的な善性を住まわせる必要がなくなったために）存在の純粋な光輝を見てとることができると思っていた領域である。

技術がわれわれに教えるのは、このような光輝、このような隠された領域をすっかりと明け渡すことだ。これは、われわれの形而上学的、神学的、精神的な傾向にとってばかりではなく、われわれの詩的な性向にとっても試練である。ある意味でそれは、偉大さという尺度に合わせて、つまり、何によっても正当化されることのない必要性や要求に従った生のつねに凡庸な尺度とは別の尺度に合わせて秩序立てられた、われわれの昇華、崇高性、跳躍、傾向性といったものの一切を問いに付すことなのである。この要求、生きることとの単なる要求は、何によっても正当化されないものであってみれば、隷属へと変容することになる。つまり、われわれは自分自身が技術の、そしてその明白な帰結の奴隷であると感じるようになるのである。その明白な帰結は、指数的に増加しうる生産価値、交換価値の無限の生産としての資本主義である。貨幣価値としての価値は、いわば裏返された自然を表す。すなわち、自分自身で増加していくが、花が咲いたり果実がなったりすることなく無際限に増加していくというかたちで成長していくということだ。純粋に金融的な投資も含めて（これは、自己への価値付与、自己の外部にはまったく依拠しない交換の純粋形態である）、投資の収益性のことを語るのに「結実＝利益（fructification）」という語が用いられるのは偶然ではない。

資本主義によって、諸々の目的や意味の無限の増殖が価値あるものとして提示され、そのなかへわれわれは技術によって組み込まれることになる。ここでは、目的、意味、価値は、まさしく終わりなき増加（われわれが「成長」と呼ぶもの）のプロセスそのものとして現れる。こうしたプロセスについては、マルクスがそうしたように、それが極限へといたることを期待することもできただろうし、さらには、こうした成長が、生産条件と実際の価値（その味わい、値打ち、交換しえない意味）とのあいだのねじれなど必要とせずに、万人がその成果を享受できるような段階へとその向きを変えることを期待することもできただろう。このような期待は、なんらかの自然が自らの権利を取りもどすことを前提とするものである。あらゆる尺度、等価性、あらゆる差し引きや蓄積の可能性から独立した、

†2　『シレジウス瞑想詩集』第一章二八九（植田重雄・加藤智見訳、岩波文庫、上、九〇頁）。

価値や意味の開花ないし結実が、成長としての技術を通じて――どんな技術も成長させるものであるということを明かしつつ――、なんらかの自然《フュシス》によって実現されるだろう、というわけだ。

しかし、われわれの目のまえで展開しているのは自然《フュシス》ではない。その逆であるとすら言うことができるだろうし、われわれにはそれを「技術」と呼ぶ用意はすでにできている。だが、先に述べたように、技術が自然の展開であるにしても、そこにその反対物を見ることはできない――あるいは、自然が自分自身によってこの反対物へと反転すると考えることができなければならないのだ。だが、そうすると、弁証法を繰り延べ、これによってなんらかの第二の自然を不可避的に期待するということになりはしまいか。

つまり、別の仕方で思考しなければならないのだ。「技術」が、「自然」から出発して構築され、あるいは同時に「自然」を破壊しつつも、当の「自然」に意味を与えるのだとすれば、このことが意味しているのは、もはや「自然」について語ることは可能ではないということであり、したがって、結局のところ「技術」について語ることも可能ではないということなのだ。アリストテレスによって使用が確定したフュシスとテクネー〔技術〕の対立は何世紀にもわたって熟し、それを通じてこの対立は決定的なかたちでねじれ、複雑なものになった。このねじれによってもたらされたものが、デリダが後に「代補」と名づけることになったもの、さらにはその前にハイデガーが「存在の最後の歴運」と呼んだものである。いずれの場合でも、争点は次の点にある。「技術」は自然に付け加えをし、「自然」が知ることのない諸々の目的を開きつつも、実のところは、この「自然」の理念そのもの——その内在性、その自己目的性、その成長法則——を構築している。しかし、技術はまた、この理念を破壊し脱構築し、そしてそれとともに西洋の思想を組織化してきた諸々の表象の全体的な構造を破壊し脱構築している——これがその争点である。

注目すべきことに、このような破壊というモティーフは近代の転換期をしるしづけるものであった。まずはボードレールがそうである。彼にあっては、「〈破壊〉」とは、同名の詩によれば、「破廉恥」で「悪魔的」な欲望を押し隠しており、この欲望が、(「沈思」において言われるように)「卑しい大群」を打ちのめすのと同じように彼を打ちのめすのだ。[†3] さらに、周知のように、マラルメにあっては、破壊こそが「ベアトリーチェ」であっ

†3　「破壊」、「沈思(recueillement)」はそれぞれボードレール『悪の華』に含まれる詩の表題である(『悪の華』阿部良雄訳『ボードレール全集』第一巻、筑摩書房、一九八三年、二一五 - 二一六頁、三四一 - 三四二頁)。

た。[*1]ランボーのことを思い起こすこともできるだろう。「人は、破壊のなかで恍惚となり、残酷によって若返ることなどできるだろうか！」[*2]（近代の転換期に先立って、その前触れが出はじめていた時代、破壊というモティーフはすでに両義的な位置を占めていたのであり、すでに、解体された構築物が、自らの喪失の記念碑のようにして陰鬱とした魅力を示していたのである）。

3

したがって、構築の膨張のようなものがあったわけだ。それは、かつて神殿、宮殿、墓を三重の範例としていた建物の樹立ないし建立ではなく、むしろ、（橋、桟橋、要塞、市場などの）技巧建造物（ouvrage d'art）がほぼ概念化しているような、諸々の力の合成、配置、構成である。技巧建造物が必要とするのは、建築家というよりは技師であり、創設者といよりは構築者である（そもそも道路や船、倉庫、荷車、機械などは構築（*construit*）するものだ）。構築が支配的なものになるのは、樹立（édification）と製作（confection）の双方がたがいに産業化し技巧化しあうときである。言いかえると、これら二つのものによって、（生産力、速さ、抵抗、再生可能性といった）もともとは特定の照準に合わせて創案されたり構築されたりしていたさまざまの目的に呼応する、操作的、力学的、エネルギー的な図式の構築が作動するときである。

構築パラダイムは、都市化、交通手段や探査手段、非顕在エネルギーの活用（石炭、ガス、製油、電気、磁気、デジタル計算等々の）によって広まるが、このパラダイムは、目的と手段とをよりいっそう一体化させ、破壊という反作用をもたらすにいたる。ただし、

＊1　「〔…〕僕は自分の作品を削除することによってしか創ってきませんでしたし、獲られた真実のものはいずれも、一つの印象の喪失からしか生まれませんでした。その印象は、輝きを放っては燃え尽きてしまい、それが際立たせる闇のおかげで、僕は絶対的な〈闇黒〉の感覚のなかへ深く進むことができました。〈破壊〉こそわがベアトリーチェだったのです。〔…〕僕自身の〈破壊〉という、罪深く性急で悪魔的、しかも安易な手段。これは、力をではなく、一つの感受性を産み出すのです」（一八六七年五月一七日付のウージェーヌ・ルフェビュール宛の手紙〔松室三郎訳『マラルメ全集』第Ⅳ巻、筑摩書房、一九九一年、三三一－三三二頁〕）

＊2　「寓話」からの引用〔『イリュミナシオン』中地義和訳『ランボー全集』、青土社、二〇〇六年、二四九頁〕。——さらにドストエフスキーのことを考える向きもあろう。「人間は構築することを愛する。それは確かだ。だが、なぜ人間は破壊することも同時に愛するのか。それは目的に到達すること、自分の構築物を完成させることへの本能的な恐怖があるからではないのか。」（「地下生活者の手記」(*L'Esprit souterrain*, tr. fr., E. Halpérine et Ch. Morice, Paris, Plon, 1886, p. 172)〔小沼文彦訳『ドストエフスキー全集』第五巻、筑摩書房、一九六八年、三〇頁〕）

ここで問題となっているのは、崩壊させることや解体することというよりは、（この語が二〇世紀初頭に発明されたのはどうでもいいことではないのだが、その語の意味を転用して）「構築主義（constructivisme）」と呼んでしかるべきものを断ち切ることである。ハイデガーの存在論において解体（*Zerstörng*）とはっきり区別される破壊（*Destruktion*）はこの意味での「破壊」である（これをグラネル[†4]とデリダは「脱構築（déconstruction）」と翻訳したのだった）。これは、ボードレールとマラルメの存在論的かつ美学的な〈破壊〉に対する哲学の側での対幅だと言うこともできるだろう。ここで賭けられているのは、構築それ自体なのだ（さらにまた、知を秩序化するものとしての「教育（instruction）」もそうである。このことは、この「教育」という語が近年学校でどのような価値を有しているかということから示すことができるだろう——「公教育」はフランス革命にさかのぼるが、「宗教教育」はそれより古いわけではない）。

破壊——これはもしかすると近代的な構築の運動そのものと言いかえることができるかもしれないのだが、これはいったい何に開かれているのか。問題は、（「結局再構築するのですよね」という、「脱構築主義者」に対して何度も提起される問いとは逆行することになるが）「再‐構築」ではない。創設的、建築的、制定的ないし設立的な身ぶりへと回帰することでもない。たとえ、ここで問題となっているのが、まさしく開き、創始し、意味を生じさせることだとしてもである。構築と破壊を超えて賭けられているもの、それは集積[＊3]（struction）そのものである。

Struo は「よせ集めること」、「積み重ねること」を意味する。ここでまさに問題となるのは、構築＝共に‐積み重ねること（con-struction）や教育＝内に‐積み重ねること（in-struction）が含んでいる秩序化や組織化ではなく、堆積であり、集め合わさることなき集合である。もちろんここには隣接、共存関係があるのだが、とはいえ連係秩序を欠いた関係である。

---

†4　グラネルとはジェラール・グラネル（Gérard Granel, 1930-2000）である。デリダやナンシーと交流のあったこの哲学者は、フッサール論やカント論をはじめとする哲学書を著すほか、フッサール（『ヨーロッパ諸学の危機』）、ハイデガー（『思惟とは何の謂いか』ほか）などのドイツ語の著作の仏訳に尽力した。ハイデガーの一九五五年のエルンスト・ユンガー宛の書簡「有の問へ」（『道標』所収、『ハイデッガー全集』第九巻、創文社、一九八五年、五一九頁）の仏訳で、「解体（Abbau）」の語を Dé-construction としたのがフランス語におけるこの用法のはしりだとされる（Cf. Martin Heidegger, « Contribution à la question de l'être », in *Questions I*, Gallimard, 1968, p. 240）。

＊3　struction はグラフ理論の概念でもあるが、ここでは取り上げていない。

「自然」について語っていたときに前提となっていた、あるいは重層的に規定されていたのは、(自生的な構築であれ神的な構築であれ)おびただしい数の存在に固有かつ内在的な連係秩序である。「技術」について前提となっていたのは、「人間」(その欲求、能力、期待)を起点として標定可能な諸々の目的によって調整され規制されていた連係秩序であった。だが「技術」は、自らが由来する、あるいは生じる(この二つの概念をどちらかに決めることはできない)元である「自然」に、言うなれば遡及的に関わることで、これら二つの連係秩序の可能性をかき乱すのである。この「技術」によって考えるよう促されるのが集積《ストリュクシオン》である。すなわち、諸々の事物ないし存在の連係秩序なき同時性、それらの共属関係の偶然性、おびただしい数の位相、種類、力、形態、緊張、意図(衝動、欲動、企図、跳躍)の散逸である。こうしたおびただしさにおいては、いかなる秩序も、ほかの秩序より上位の価値のものとして現れることはない。それら——衝動、反作用、被刺激性、接続可能性、均衡、触媒作用、代謝——はすべて、それぞれ互いに関わりあい、互いに溶けあい、混じりあうのである。

かつてのパラダイムが建築的なものであった、ということはつまり、より形而上学的に言うなら、建築的なものであったのに対し、今やそれは、まずは構造的なものとなり——

これは、構築的な目的性はないが、とはいえ構成、集合である――、次いで集積《ストリュクシオン》的なものとなる。言いかえると、結合したり統合したり、組み合わせたり連結（associé）したりするのではなく、不安定で、散乱し、凝集したり混成したりするような集合に関わるものとなったのである。

実のところ、集積《ストリュクシオン》とともに提起されるのは「社会化（sociation）」一般についての問いである。もしソキウス（*socius*）が「ともに進み」、「同行する」者であるならば、つまり、もしそれが「ともに（avec）」やラテン語の「クム（*cum*）」の有する能動的で積極的な価値を作動させ、そのまわりで、あるいはそれによって、分有のような何ごとかをはたらかせるのであれば、連帯化、社会というものはそもそもありうるのか。私がここで集積《ストリュクシオン》と呼んでいるのは、分有という価値を欠き、単なる隣接関係の偶然性しか作動させないような、そういう「ともに」の状態であるとも言えるだろう。これは、ハイデガーが「ともに」（つまり実存する者の存在論的構成としての「共同現存在（*Mitdasein*）」の「ともに（*mit*）」）の了解において区別しようとした用語法に従うのならば、実存論的ではなくもっぱらカテゴリー的な「ともに」[†5]、すなわち意味をもたらすことのない単なる並置と言うこともできるかもしれない。

4

もしかすると、集積《ストリュクシオン》とは、もはや意味は構築されも教育されもしないという教え(instruction)として(われわれはこの教えを理解することはないし、正しく教えられているようにも見えないのだが)、技術が――「自然」と「人為」の区別がもはやない、存在者の総体の構築‐破壊が――もたらす教訓なのかもしれない。われわれに与えられているのは、共存関係がただの並置や同時性となったものにほかならない。この共‐は、宇宙《ユニヴァース》そのものが与えられる諸々の境界内での隣接ないし並置という価値のほかには、なんら特殊な価値も有していないのだ。同時に、こうした境界それ自身が与えられるとしても、その場合は、一つの世界の境界を、それを超えた世界やその背後にある世界との関係でははっきりと確定することはできないという留保を付けるほかはない。一方で、宇宙は、有限であるが拡張を続けるものと言われる。他方で、それはもはや「ユニヴァース〔一つの宇宙〕」と言われることすらできず、「マルチヴァース〔多元宇宙〕」[†6]としか言うことができないものとなっているのだ。ところで、「ユニヴァース」を超えて思考するためには、もはや、もちろんのこと、多数の世界を、一つの(あるいは複数の)別の世界として理解してはならない。「それらは、もはや他所ではなく、「自己の外」へという関係が有する諸々の様態なのだ」[*4]。

宇宙《ユニヴァース》という観念には、構築や建築の図式が含まれている。基底、土台、ないしは基体

---

†5　ここではハイデガー『存在と時間』の以下の議論が念頭に置かれている。「ここでは、「ともに」と「もまた」は、実存論的に理解すべきであって、カテゴリー的に理解すべきものではない。このような「ともに」的な世界＝内＝存在にもとづいて、世界はいつもすでに、私がほかの人びとともにかかわっている世界なのである」（細谷貞雄訳『存在と時間』上、ちくま学芸文庫、一九九四年、二六〇頁）。このように、ハイデガーの「共同存在（Mitsein）」を特徴づける「ともに」は、現存在が「他の人びと」と「ともに」世界にかかわり、「共同現存在」として「共同世界」を構成するものとされ、これが「実存論的」な「ともに」とされる。これに対しナンシーは、ここでの「実存論的」と「カテゴリー的」という区別を反転させ、どんな「共同世界」をも構築しないような、「ともに」存在しつつも、単なる偶然的な並置関係しかもたらさないような「ともに」でもって、自らの言う「集積」を特徴づけている。

†6　多元宇宙（マルチヴァース）とは、現代宇宙論において提出されている考え方。宇宙（universe）は、その名が示すような一つのものではなく、複数の宇宙が並行して存在することが概念上可能であるとする仮説。ナンシー自身は、近著『われわれはいかなる世界に生きているのか？』（Jean-Luc Nancy, Aurélien Barrau, *Dans quels mondes vivons-nous ?*, Paris, Galilée, 2011）の共著者の若き宇宙物理学者オーレリアン・バローの仕事、とりわけ原注4で引用されている『多元宇宙の物理学および哲学の諸要素』から着想を得ているように思われる。

(substruction)(これはマラルメにも見られる語だ!)があり、その上に一なる全体が建立され、配置される、という図式である。この全体性は、それ自身が前提とするものの上に措定され、本質的に自己へと関わる。要するに、この全体性は、それ自体で〔即自的に〕あるのだ(「存在する」ということは、こうした図式を足場とする思考にとっては、「それ自体として」あることである)。だが、共に現前すること、共に現出することによって、この「それ自体〔即自〕」も構築もともに向きを変えることになる。「存在する」ことはもはやそれ自体としてあることではなく、隣接、接触、緊張、歪み、交錯、配置となる。このことは、もちろん「構築」のもつ諸々の特徴を示さないわけではない。ただし、ここに言う「構築」は、相互に帰属しあう複数のマルチヴァースの相補的な体制ないし分布と理解すべきものであって、根源的な存在ないし現実性を措定〔前提〕することと理解すべきものではない。[*5] 現実性は非現実性へと解消されるのではまったくなく、自らの非前提という現実へと開かれるのである。これこそが、「技術の支配」と呼ばれるもの、あるいはテクネー/フュシスの対の解消が意味するところである。

　われわれの歴史のうちで生起しているのはこのことである。われわれは、――本質的な構築を、あるいは構築としての本質を規定するものとしての――建築術および建築がもはや価値をもたないという地点にきてしまっている。建築術も建築も、自分自身によって摩耗してしまったのだ。

だが、単に摩耗があったばかりではない。単に、時間を経ることで構築が損なわれたばかりではない。構築の原理そのものが揺り動かされているのである。

伝統的に世紀転換点「そのもの」と考えられてきた時期――つまり、一九〇〇年頃――、実際に何かが転倒し、ひっくり返ったこの時期、語のもちうるあらゆる意味において、樹立するもの（édifiant）〔感化するもの、教訓的なもの〕と樹立されたものが互いに揺らめきはじめたと言うことができるほどに、建立物（édifice）が揺り動かされたこの時期に、先に取り上げたように、破壊というモティーフがいくつも蓄積されていたこと――この蓄積が証言しているのは、「構築」というモデルの一種の充満であり断絶なのだ。このことが意味しているのは、構築は自らのうちに脱構築の萌芽を持ち運んでいたということである。当

＊4　オーレリアン・バロー『多元宇宙の物理学および哲学の諸要素』（Aurélien Barrau, *Quelques éléments de physique et de philosophie des multivers*, p. 122 : http://lpsc.in2p3.fr/ams/aurelien/aurelien/multivers_lpsc.pdf）。

＊5　この点に関しては、前注に引用した著作で「構築（construction）」という語がどう使われているかを見られたい。

初、――身体や単純機械の延長である――道具のよせ集めや合成として現れていたもの、次いで統御の動作の拡大として現れていたもの――単に（流水、風、重力などの）力を用いるかわりに（蒸気、電気、化学反応といった）諸々のエネルギーを管理したり統治したりするなど――、こうしたものがまったく別の性質を顕わにすることになった。組み合わせ、相互作用、さらにフィード・バックといった性質である。

実のところ、このようにして展開したのは、有機性ないし準有機性である。構築的なパラダイムは、結局のところ、自分自身を乗り越えていき、有機的な自律へと向かって自らを超‐構築する。この超‐構築が集積《ストリュクシオン》へと反転するのである。

5

あるいはまた、これとは別の、いささか位相の異なる見地からすると、われわれ自身の行動の有機的な自律が、単にわれわれの身体ばかりではなく、精神すらも超えて広がっていき、この精神に対して、きわめて自己参照的な「機械」というかたちで自らを運び出し、さらけ出すよう命じていると言うこともできる。この「機械」を組織化する法則ないし図式こそ、逆に、われわれの行動に対しさまざまな機能を課してくるようになるのである。われわれは、オフィスでも自分の車のなかでも、電車や飛行機、船のなかでも、考古学の調査においてもデータの登録においても、音声や映像の「創造《クリエーション》」においても、コンピューターを操作する術を身につけている。この操作は、単に新たな専門知識を前提とするばかりではない。それはまた、これまでとはまったく別の時‐空を、これまでと同質でもなければ、単一的でも「普遍的《ユニヴェルセル》」でもないような時‐空を前提としているのだ。われわれは、いたるところで作動している諸々のモジュールの拡張（デジタルプロセスや信号や図像の活用など）のなかにいると同時に、未聞の可能性の刷新のなかにいる。この刷新は非常に反復的な側面を有しているが（皆が同じ記念碑で同じ写真をとる）、しかしこの反復そのものが、白熱した、まったく新たな現実をもたらすのだ。われわれはもはや、未知の部分の残る世界を発見するという段階にいるのではない。われわれは、諸々の断片、部分、領域、砕片、小片、細片、要素、輪郭、萌芽、核、房、点、区切り、結び目、分枝、投影、増殖、散逸等々の目もくらむほどの堆積のうちにいるのであり、これらを通じて、われわれ自身が、不安定で、流動的で、可塑的で、変成的な、目もくらむほどの集塊に、かつてないほど捉えられ、織りなされ、吸収され、吐き出されているのだ。そしてそのために、われわれは「主体」と「対象」のあいだに、さらには「人間」と「自然」ないし「世界」とのあいだに区別を設けることもますますできなくなっているのである。

実際われわれは、もしかすると、もはや一つの世界のなかにも「世界内」にもいないのかもしれない。これが、コスモスの希釈ないし消失、言いかえれば、高次の秩序に従い、そこから指示を受けたりそれを反映したりするかたちで構成された美しき一体性の希釈ないし消失ということのもっとも進んだ意味なのだ。われわれの「世界」――あるいはわれわれの「境域（élément）」――は、むしろ、ともに同じ根株から出発して増殖するような諸々の部分や断片から構成されているのかもしれない（人間、自然の技術的動物、巨大な全体を構築する付属物がそうである――ただしこれは、実際には、構築されているというよりは、構築‐破壊‐教育的（con-des-in-structives）な潜在性を信じがたいほど豊富に有しているのだが）。部分や断片、環境という意味でのこの巨大な「境域」の、十分基礎的とは言いがたい諸要素（élément）、このエコテクニーとも言うべきエコシステムは、とはいえ、なんらかの構築的な把握枠組からつねに逃れつづける。こうした要素の配置は、原初的ないし最終的な構築に関わるのではなく、むしろ、ある種の連続的な創造に関わるのであって、そこにおいては、世界の――あるいは複数世界の多様性の――可能性そのものがたえず更新され、立てなおされるのだ。

この意味で、集積《ストリュクシオン》の向かう先にあるのは、過去や未来というよりは、現在である、ただしけっして現前において成就することのないような現在である。これが巻き込む時間性はもはや、直線的な通時態に呼応するものではけっしてない。この時間性のうちには、何か共時態のようなものがあるのだが、これは通時態のなかの一個の切れ目というよりは、伝統的時間の諸部分のある種の単位（unité）である。つまり、自らを現示する、到来する、生じる、襲来するものとしての現在という単位そのものである。襲来、これが集積《ストリュクシオン》の時制である。この出来事は、単に予期していなかったもの、創始するものという価値をもつばかりではない——時間直線の断絶ないし再生という価値をもつばかりでもない。それは同時に、移行という価値、永遠性と混じりあった束の間のものという価値をももっているのだ。

時間のただなかにおける時間の外部——このことは、おそらく、われわれの時間についての思考がどれも、現在という瞬間がつねに逃れ去るということをめぐって予感していたことにほかならない。しかしこの「逃避」は、ここではもはや、消失ではないし、現出するものという意味での出来事でもない。破壊‐構築（dé)(con)struction）と同じように、消失‐現出（(dis)(ap)parition）もその結びつきを解くことが求められるのである。〔消失と現出が共有する〕出現（parition ないし parution）、それは出現すること（paraître）である――とはいえ現象の顕現において現れたり、見かけの仮象として現れることではない。この語の昔の用法がそうであったように、「出現すること」とは、現前しに来ること、自らを現示することである。言いかえると、近くに、隣にやって来ることである。つねに共出現（comparaître）なのだ。

共出現において顕わになるもの、それは現象学的な体制のずれ、彎曲である。ここで問題なのは、一つの志向とそれを充足するものとの関係ではなく、諸々の出現することとの、その相互の関係である。主体と世界との関係ではなく、世界を、それ自身において、それ自身へと送り返すことであり、この送り返しの豊富さであり、さらにわれわれが意味と呼ぶことができるものをこのことでもって創り出す仕方の豊富さである。意味と言ったのは、世界の意味のことであるが、これこそが共出現にほかならないのだ。世界があるということ、無ではなく、世界内にあるものすべてがあるということである。

6

この種の荒々しいが明白なこと、これによってわれわれは、ある黎明期、幼年期ないし源基的な状態へと連れ戻されることになると思われるかもしれない。われわれはもはや、諸々の条件のなかでももっとも粗野な条件を受け入れたり、それを投企したり、あるいは表現したりすることのほかには何もすることがないかもしれない。われわれは、世界について説明しそれに道理を与えることも、あるいはその存在についていかなる種類の正当化を行なうこともできないかもしれない。技術は、背後にあるような目的や至上の善についてはどんなものもすべてかすめ取ってしまったばかりではなく、常軌を超えたかたちで理性／根拠を増殖させ、さらにはこれを自足しつつ錯乱するもの、癌のようにして増大していくものにしてしまったのかもしれない。

しかしながら、集積《ストリュクシオン》の状態へともたらされるということは、必ずしも、後退や退行を意味するのではない。構築、教育、破壊のプロセスを超えた移行のうちにはなんらかの進化がありうる。集積《ストリュクシオン》は、現実的なものや存在するものを構築という図式でもって考えようとする強迫から解放してくれる。こうした強迫は、要するに、世界についての建築的ないし機械的な虚しい探求に帰着するのである。

集積《ストリュクシオン》は無－秩序をもたらすが、これは秩序の逆でもその瓦解でもない。それが位置づけられるのは別のところ、すなわちわれわれが隣接、偶発、散乱、彷徨などと呼ぶもののうちである。これを、驚愕、創案、機会、邂逅、移行といった名前で呼ぶこともできよう。問題になっているのは、共存、あるいは、よりましな言い方で言えば、出現するもの、言いかえれば存在するものの共-出現にほかならないのである。

実際、存在するものは、即自的な存在を脱するというかたちで出現するのではない。存在とは、それ自体として出現することなのであり、隅から隅までそうなのである。「現象」は、存在そのものなのだから、何もそれに先立ったり、後続したりはしない。存在は、したがって、存在者ではない。というのもそれは、「存在する」とすれば出現するほかはない、いや共出現するほかはない存在者の出現なのだから。それは、意識や主体に対して出現するのではない。それは、共-出現する、つまりあらゆるものがともに現れる、あらゆるものがあらゆるものに対して現れるのである。そうすると、こうも言わねばならない。あらゆるものは、超-出現（trans-paraît）する、と。あらゆるものはあらゆるものに対して関わり、あらゆるものはあらゆるものを通じて自らを示す。終わりなく——いや、よりはっきり言えば、はじまりも終わりもなく。

このような単純かつ錯綜した共出現について、このエコテクニーについて、それがどのような論理――もしほかに名を探す必要があるとすれば、存在論、神話論、無神学――をもつかわれわれに分かるだろうか。すでにわれわれの生態学《エコロジー》、経済《エコノミー》――換言すれば、われわれの環境の等価物、われわれの存続を管理するもの――がそうなってしまっていることのエコテクニーについて。

技術がありとあらゆる部分からわれわれに示すのは、もはや目的でも手段でもないような目的の散乱である。こうした目的は、しばしば対立しあうこともあるが、いずれにせよつねに、際限なく増幅する。われわれは、生を延長するために生を延長し、こうして引き延ばされた生のために諸々のなすべきことを管理し、生化学的、生体工学的なノウハウを増やし、そこから、新たな脅威にさらされた生に対する新たなかたちの補助の可能性を引き出す。――ただし、こうしてわれわれは「生」を思考しうるということからはつねにいっそう遠く離れることになる。しかもこれは各人の存在についてばかりでなく、生きものの総体としての生を思考するということについてもそうである。さらには、まさしく「生」と呼ぶべきものが――われわれがそう呼んでいるものが――それ自身として、われわれが「素材《マチエール》」と呼んでいるものの配置や組み合わせ、作用と反作用からなる運動から出てくるものだとすれば、世界の弾みそのものを思考するということに関してもそうである。

検索技術がつねによりいっそう精緻になり、しかしとりわけ、自らの「対象」とつねによりいっそう絡みあうようになったために、この「素材」こそが徐々に顕わになってきているのである。*6

結局のところ、われわれが「素材」、「生」と呼んでいるもの、また「自然」、「神」、「歴史」、「人間」と呼んでいるもの、これらはすべて、同じ凋落によって落ち込んでいく。「神の死」とはまさしくこれらの基体 - 主体すべての死なのだ。神についてもそうだが、これらのものの死もまた非常に長期のものであって、われわれの知覚にとっては、あるいはわれわれの想像力にとってですら、終わりの見えないものでもある。さらに、こうした死は、あらゆる生きものや人間、さらにはもちろんのこと世界の実際的で具体的な死について、これまで疑われもしなかったような潜勢力を秘めている。技術の各々の歩みにおいては、単に目的、手段、彷徨などが見分けられなくなっているばかりではない。有害性と有益性とが絡みあい、さらには、何が有益なのか、何が有害なのかを本当に考えなければならないのかどうかすらしばしば分からなくなっているのだ（たとえば、移動の速度、伝達の速度は「良い」ものなのか「悪い」ものなのか。その場合の基準は何か）。

われわれは、自分たちがいまだになんらかの行動原則ないし規則に従っていると考えているときであっても――実際われわれは、「最低生活賃金」のようなかたちで、基本的にはこれに従っている――、その究極の土台や目的に関する問いへと連れていかれざるをえない。品位ある生――なるほど、だがどんな目的なのか。さらにどんな「品位」なのか。最低限生きながらえること以上のどのくらいのレヴェルのことなのか。平等――なるほど、だが、それが最小限の権利以上のものだとすれば、何の平等なのか。あらゆる人間を目的として考え、もっぱら方法とみなすのではないということか――なるほど、だが、どの点で人間は「目的」なのか。そしてどのように、またどこから、人間を手段の状態へと還元するあらゆる操作主や動作主が入りこんでくるのか（実際、このようなものは、経済、政

＊6　周知のように――もっとも単純なところでとどまるとすれば――、粒子の加速器や宇宙探査機などは、それらが調査する「対象」から独立しておらず、その逆もしかりである。だが、実のところわれわれはいまだはじまりにいるにすぎない。観察者が観察された現実ともつれあい、絡みあうという事態は、いわゆる自然科学においても人文科学においても絶えず増幅し、複雑になってきているが、このことが意味するのは、「科学」の地位の漸進的な変容である。この「絡みあい」について語ることすらも、いまだ、絡みあいのない「客観性」というモデルに暗黙のうちに与することなのだ。ここでもまた、われわれがこれまで技術をなんらかの科学的な帰結の適用だと考えてきたのに対し、今やこの技術こそが科学をなんらかの地位および未聞の内容へと連れて行くのである。

治、宗教、イデオロギーなどの領域でたくさんあるだろう）。

だが、世界の配置や生成などがどれも、一見するとかなり問題含みでさらには論争の的となるように見えつつも、その背後でなんらかのインテリジェント・デザイン[†7]に呼応しているのではないかなどと想定することはできない。このような観念は、技術の思考の不在の典型的な産物である。この考えは、自然なるものが最終的にテクネーを生み出すにいたるが、この自然の上流を遡ると当のテクネーがあるなどと言うのだ。

ただし、西洋的な変異――これは技術的変異（鉄器、貨幣、アルファベット、法）でもあったし宗教的変異（人間の供犠の終わり、神権的支配の終わり）でもあった――こそが、世界の構想者にして構築者とみなされた神、そして疎遠化ないし非‐現前のうちに与えられる神という二重の可能性を開いたのではないかと問うてみることはできる。ほかのタイプの宇宙発生論における神々は、世界のなかに存在し活発に活動し、言ってみればまさしくその「自然」となっているのだが、そこには計画ないし構築という特徴はいっそう少ないか、あるいはまったく見られないのだ。

いずれにせよ、建築家ないし時計工、構築者ないし技術者という神の像《イメージ》こそが、われわれの文化のうちを漂い、そこで重きを置かれてきた。世界全体を引き受ける全能者と組み合わさったプラトン的造物神《デミウルゴス》である。この世界のはじまりと終わりは、明白に世界の外部で、至高の〈構築者〉の権能と栄光のもとで起こるというのだ。この〈構築者〉は、自らの失墜の際に、その分身たる遠き神、人格的で生ける神をも失墜させた。こうして、世界の構築の技術的計画を理解することがますます不可能になる一方（これは弁神論の問い、神の御業の正当化をめぐる問いであった）、「救済」や「恩寵」に頼ることが、あるいは「愛」という、結局のところ正当化できないものを代補するとされていたものに頼ることがますます不可能になったのだ。

　摂理も約束もない――技術が展開するのはこうした全体的な状況であると言うこともできるかもしれない。はっきりとしていることは、インテリジェント・デザインについてどのように思い描いてみても、失敗を余儀なくされているということである。というのもここで「知能《インテリジェンス》」が表しているのはそれ自身だけ、すなわち本質的に技術的ないし技術者的な知能だけだからである。[*7] それがなしうるのは、自分自身を前提として自分自身を生産

†7　インテリジェント・デザイン（intelligent design）とは、宇宙や自然のうちで起こっていることは、（たとえば自然淘汰などの）自然的要因を持つのではなく、何らかの知性を持つ者によってあらかじめ「構想」されていたとする説。

するということだけなのだ。だがそうすると、この知性は、自らの限界をも前提とせざるをえなくなる。というのも、なんらかの構想者《デザイナー》によって、人間的な知能にいたるような素材ないし生命が構想され構築された（これは同じことだ）とすれば、「目的」とか「第二の自然」とか、はたまた「自然」そのもの、さらには「理性的人間」ないし「全的人間」といったものを投影することを断念しなければならないはずなのに、なぜこの知能は、そこで自分が何をしているのかをまったく理解できないのか。

〈製陶、建築、時計製作等々の〉技術が、原初的な〈技術者〉たるインテリジェント・デザインのモデルになりえたときには、こうしたモデルはなんらかの目的への志向を含んでいた。今日ではモデルそのものが――（もはやかつて「工芸」と呼ばれていたものの下位秩序ではなく）人間学的、宇宙論的、存在論的次元であると判明した「技術」そのものが――大増殖し、さらには諸々の「目的」の霧散をさらけ出しているのであって、そこになんらかの〈構想者《デザイナー》〉を想定した図式を刻むことはもはやできなくなっているのである。「知性的構想《インテリジェント・デザイン》」などなしで済まさねばならないということ、このことは論をまたない。仮に、原初的な〈知性〉なるものがわれわれの知性よりもはるかに豊かであったとすれば、また、その目論見が、極限においては、また限界を知らない合目的性の増殖においては

――これはデリダがかつて「誤配（destinerrance）」と呼んだような何かである[†8]――、われわれに対し探すよう、模索するよう、つまずくよう仕向けることにあったとすれば、この彷徨（errance）――われわれがそうであるところのこの彷徨――において作動しているのはいかなる構想ないしデザインなのかという問いにふたたび立ち向かわなければなるまい。だがそこでは、このインテリジェント・デザインという仮説はまた別の仕方で無効になる

＊7　〈現代人〉にとって、知能は、たいていの場合、技術と混じりあっている。だからこそ「人工知能」（ひょっとするとこれは冗長になるのだろうか……）がかくも魅力的となるのだ。逆に、「心の知能」などと語られた場合には、人はそこでは隠喩が用いられているとはっきり示すだろう。

†8　「誤配」と訳した語はdestinerranceであるが、このフランス語はジャック・デリダの造語であり、「運命」ないし「宛先」を意味するdestinと「彷徨」を意味するerranceとが掛け合わされたものである。誤配され「宛先」に到着せずにさまよっているという状態である。発せられたものが当初想定されていた目的地に到達することのない、合目的性や計算可能性の連関のなかに回収されない、という構造を有する。ナンシーの議論においても、まずはこうした意味が踏まえられているほか、本書第三章でふたたび「誤配」が言及される際には、「民主主義政治」は、ほかの政治体制とことなり、人民の「行き先＝使命（destination）」を一手に引き受けることを控えるという含意が込められる。なお、デリダの場合でもナンシーの場合でも、ハイデガーの言う「歴運（Geschick）」が「送付すること（schicken）」と結びつけられて考えられてきたことが念頭に置かれている。デリダに関しては以下を参照されたい。Jacques Derrida, « Envoi », in *Psyché. Invention de l'autre*, Paris, Galilée, 1987.

と言うことができる。すなわち、この仮説は、自分自身のことを理解することができない仮説であったばかりでなく、さらに、この彷徨の意味／方向について、よりはっきりと言えば、意味の彷徨の意味／方向についてすら、さらに別の仮説を要求するものとなるからだ。

さらに次のことを付け加えなければならない。われわれは、単に、自らの術《アート》やそのノウハウの展開を前にして当惑した技術者的な存在であるばかりではない。われわれは、単に、あらゆる形態、あらゆる相貌の意味がこのように賭けられ、問いただされていることに手を焼き、狼狽しているばかりではない。われわれ自身が、すでにこの変容（transformation）のうちに捉われているのだ。われわれは、われわれ自身の展開という技術の領域のうちに組み込まれている。「技術」と呼ばれるものは、道具や器具、機械といったものの秩序を超過しているのだ。ここで問題なのはもはや、統御することができるもの（目的に対する手段）ではなく、むしろ、――ただそれだけで価値のあるような、つまり自ら目的でも手段でもあるような統御を際限なく外挿するような――一つの「知能」のネットワークのなかに（こう言ってよければ）脳が拡張していくことなのである。

集積《ストリュクシオン》におけるこうした彷徨に対して、なんらかのあらかじめ構想された「意味」という覆い、「良い／善良」と想定された「知性」をモデルにした「意味」という覆いを投げかけることは無駄なのだから、われわれに課せられているのは、すべてをふたたび創案するということである――しかもまずはじめに「意味」をふたたび創案することである。これはもはや構築という図式にも、破壊や再構築という図式にも対応しない。これが対応しなければならないのは、次のような意味での「誤配」である。すなわち、われわれが――摂理や、悲劇的運命や、産出された歴史によって――なんらかの終局へと向かうものではないとしても、それでも「行く」ことなしにはいられないという意味での「誤配」である。われわれは、前に進み、経巡り、横断し、経験することなしにはいられない――この「経験[†9]（expérience）」という語は、「果てまで行く、極限まで行く」ということを意味し

†9　「経験（expérience）」というフランス語の単語語源は、ラテン語の experior であり、これは「経験すること、試みること」を意味する。この動詞は、ex- と perior からなり、前者は「外へ」という意味を含むほか、続く動詞の意味を強める働きを持ち、後者はやはり「経験すること、試みること」を意味する。perior の語源をさらにたどるとギリシア語の περάω に行きつくが、これが「横断すること、進むこと、乗り越えること」を意味する。ナンシーはおそらく、こうした含意を念頭に置きつつ、ラテン語の接頭辞 ex を強意にとり、「果てまで、極限まで」という意味合いを加味しているように思われる。

ていたのだった。

いたるところから知恵ある叫びが発せられる。「だが止まらなければならないのではないか！　どこまで行こうというのだ？」というのも、実際、いたるところで芽生えてきているのは、遺伝子操作の無際限化であれ金融市場のそれであれ、接合の無際限化であれ貧困のそれであれ、社会的あるいは技術的な病理の無際限化であれ、無際限化だからだ。そもそもそれ自体として限界を知らないものに対して限界を設定するというのは問題となりえない。あるいは、この無際限化は自己破壊的なものなのか——構築がその果てまで行きつき、そこで瓦解するのか——、あるいは、われわれが、集積《ストリュクシオン》を通じて、「意味」をどのように認めるべきかを見いだすことになるのか。目的／終わりも手段もなく、集め合わせも解体もなく、上も下もなく、東も西もないところで。しかしすべてがともにあるところで。

Ⅲ　民主主義の実相

「神々からなる人民というものがあったなら、
その人民は〈民主主義的に〉統治しただろう。」

ルソー『社会契約論』第三篇第四章

何人かの知識人による、近視眼的な、あるいはおびえた告発に続いて、フランス国家を統べる権威は、「六八年五月」を、道徳のたるみや相対主義、社会的な無関心や冷笑主義の起源だと名指し、そのせいで良心を備えているはずの資本主義や政治の美徳が犠牲になったのだということにしようとした。こうした弾劾は、唖然とするほど自分自身も冷笑主義的であり、また自らの狡猾さをうまく隠しおおせていないほど無邪気なものであって、立ち止まってこれに異議を唱えるにはおよぶまい。とはいえ、それでもやはり、ひとえにかくも粗雑な攻撃が構想されえたということ自体が憂慮すべきことであり、意味深長なことである。憂慮すべきというのは、このように言うことによってわれわれに厳格さを備えさせようとしているからであり、意味深長というのは、次のようなその攻撃の角度ゆえである。すなわち、六八年を不道徳だと糾弾することによって、良き政治の美徳および良き資本主義の良心といういずれも市民‐労働者‐消費者に役立つはずのものが無傷のまま保たれる、ということになるからだ。しかし、六八年の深い運動が差し向けられていたのは、政治そのもの、資本主義そのものに対してである。それが激しく非難していたのは管理型民主主義なのであって、そこでは、民主主義の実相[†1]についての問いかけが素描されていたのである。

この素描を見分け、引き延ばすこと、これが続く数頁の主題である。

1　六八年‐〇八年

六八年の四〇周年を思いおこすことと、民主主義の問題をめぐる多くの書物の出版が告げているような現在の沸騰した議論とのあいだには、非常に緊密で非常に深い関係がある。その当時は誰も真にあるいは十分に気づくことはできなかったのだが、六八年は、実のところ、脱植民地化、「法治国家」や「人権」の代弁者たちの権威の増大、さらに同時に、いっそう精緻になる社会正義、こういったものの要請によって強固なものとなるよう思われていた民主主義的な保証を問いなおす作業に着手していたのだ。社会正義といったが、そのモデルは、当時「共産主義」――そう理解するよう仕向けられていたものとしての――という語句のもとに含まれていた諸々の前提に依存するものではなかった。

こうした理由で、六八年の記念があるすれば、それは、われわれが実際に祝っているのは次のような四〇年だという意味でのみである。すなわち、この「三月二二日」[†2]の年には単に最初の前触れが告げられただけで、今日でもいまだもともとの最良の状態への一段階にいるにすぎないような、四〇年にわたる――年月はだいぶ熟したといっても、いまだに気をもんだり危険を冒したりすることのできるほどの――プロセス、変容ないし跳躍とい

†1　本章のタイトルも含め、「実相」と訳したのはvéritéである。通常この語は「真理」などと訳されることが多いが、しかし、本章全体から認められるように、この語でもって問題になっているのは、追求すべき理想や、現実をそれに対して一致させるべき理念のようなものでもなければ、隠れていた、あるいは隠蔽されていたなんらかの真実を明るみに出すということでもない。フランス語の日常会話において、たとえばen véritéと言えば、「実のところ」といった意味で用いられる。「実相」としたのは、このような用法も念頭におきつつ、「実のところ民主主義とは何であるか」との問いかけを念頭においたためである。

†2　三月二二日とは、通常「三月二二日運動」と呼ばれるものを指す。一九六八年三月二二日にパリ大学ナンテール校舎において、ヴェトナム戦争に反対する学生らの逮捕に抗議するため、ダニエル＝コーン・ベンディットを中心とする学生たちが校舎の一部を占拠した運動。「六八年五月」の発端となった。

う意味である。

つまり、――その総決算を滑稽に叫ぼうとも、また、いわゆるその「春」をよみがえらせるためにその実を結ばせようと欲したとしても――六八年の「遺産」について語る理由などないということだ。遺産などないし、死去があったわけでもない。その精神は絶えず息吹き続けていたのだ。

六八年は、革命でも、改革運動でも（もちろん一連の措置がその後とられたが）、異議申し立てでも、反逆でも、反抗でも、蜂起でもなかった――これらすべての姿勢、請願、熱意ないし期待の特徴がそこにいくつも見いだせるにせよ。何が六八年のもっとも特異な特性をなすのか、何によって、まったく当然であるとはいえ――八九年、四八年ないし一七年のように[†3]――苗字のような暦上の略称を持つ権利がそれに授けられたのか、こうした問いは、今挙げた諸々のカテゴリーを――少なくとも部分的ないし総体的に――退けておくことによってしか標定できまい。

六八年に先立っていたのは何か。フランスにおける擬古主義、ドイツにおける圧迫感、ヴェトナムにおけるアメリカの攻撃等々といった、より限定的な情勢によるさまざまな条件はあるとはいえ、何がそれに根本的な可能性の条件を与えていたのか。それは、一足飛びに核心へと赴くのなら、第二次世界大戦後に凱旋するはずと思われたもの――すなわち、まさしく民主主義――を回復しようとすることの、ほとんど目立たないが執拗な失望であり、強固な空虚感であった。

言いかえれば、六八年は、単に可能であったばかりではなく、必然（この概念を歴史に関して援用することが許容される範囲内で！）でもあった。なぜなら、――民主主義的国家からなる世界の、合意《コンセンサス》とは言わないまでも、相対的な協調ないし協議の開花や、国際法の兆しなど――第二次大戦によって残念ながら中断されたと思われたものは、ふたたび成長路線に乗ったりいっそう確かなものとなったりすることがなかったからである。逆に、その不確かさによって、同じときにその時代の民主主義精神を象徴する「再構築」――フランス民主労働総同盟（ＣＦＤＴ）が変革のモットーとして用いていた用語を使うなら――とみなされていたものが、ひそかに蝕まれていたのである。

†3　八九年は、一七八九年のフランス革命を、四八年は一八四八年のフランスにおける二月革命をはじめとするいわゆる「諸国民の春」を、一七年は一九一七年のロシア革命を指す。

2 合致しない民主主義

この時代は、自らが知らず知らずのうちに自分自身に対して遅れをとっているということに気づいてはいなかった。歴史において、何かが、これまでの二つの半世紀に見られた期待や闘争を繰り延べる基本路線を超え出たり、はみ出したり、あるいは逸らせようとしたりしていたのだ。

ヨーロッパは、自らがそうであると考えてきたものから自分自身がどれほど異なるものになったのか、さらに、自らが生み出そうとはげんできたものにどれほどなりえなかったのか、これを見分けることができなかった。つまり、精神的実体、地政学的単位としての「ヨーロッパ」である。冷戦の争点は、産業的・民主主義的な世界の歴史の挑戦に対しどう応答するのかをめぐる対決にあると思われていた。人はまだ、諸事の進行にとって（技術的であると同時に社会的な進歩にとって）、もう一つの主体が可能である、なんらかの人間観や共同体観に合わせた主体が可能であると思い描いていたのだ。このような見方《ヴィジョン》のために、「第三の道」や、ポスト植民地的であると同時にポストソヴィエト的な統制理念、さらには「ブルジョワ」民主主義を乗り越えつつあるとされるような統制理念を競いあわせていたのだった。それぞれ異なる仕方ででではあるが、〈審議会〉や〈自主管理〉、〈直接民主主義〉や〈永続革命〉などがその地平となっていた。つまり組織的ないしは有機的活動、計画や見通しを立てる際の可能性の地平となっていたのだった。その図式が形式的には国家構想のなかに組み込まれることすらあったのだ。

誰も、自分たちが「世界像の時代」（ハイデガーが一九三八年にまさしくこうした「時代《エポック》」の閉域を示したあるテクストの表題をあえて使うのなら）[†4]から抜け出しつつあるということに、つまるところ変容した――変革され、刷新され、ひいては創造しなおされ、創設されなおされた――世界という展望から抜け出しつつあることに気づいていなかったのだ。

そのことに気づかなかったために、通常「全体主義」と呼ばれるものの名のもとで何が起こったのか、そして何が起こりつつあるのか、その争点を見誤ることとなった。というのも、もちろんこうした用語の妥当性はしばしば議論の的となってきたし、少なくともそ

†4　マルティン・ハイデガー「世界像の時代」（茅野良男、ハンス・ブロッカルト訳『ハイデッガー全集』第五巻、創文社、一九八八年）。このテクストがハイデガーの近代性についての考えや技術についての考えとの関係で占める位置については訳者解題を参照。

の総称的な性格はつねに疑わしいものであるべきだが、人は、こうした用語でもって、非常に早くから――あまりに早く、あまりに速く、しかもこの語自体が発明される前から――、次の二つのものを指し示すくせをつけてしまっていたからだ。一つは、民主主義に対置される絶対的な政治的悪であり、もう一つは、民主主義に対して、どこからともなく、あるいはすでにそれ自体悪しきなんらかの外部から純粋に襲来・到来した悪（なんらかの綱領の倒錯ないしある人間の狂気）である。このような襲来は民主主義そのものの内部の諸々の原因や期待に起因するはずだと考えたところで――こうした考えは、当時不在ではなかったのだが――、そこから民主主義の道を誤らせたのは何かということについて十分反省するよう促されることはなかった。その原因が（共和主義の理念の信奉者らが思い描くように）一時達成された形態の喪失に求められるにせよ、あるいは、民主主義はその原理となるはずであった民衆《デモス》を実際に日のもとにもたらす術をもたなかった、そうすることができなかった、あるいはそうは望んでいなかったという民主主義の構成的な欠陥に求められるにせよ、いずれにしてもである。

このような、（代表制であれ、形式的であれ、ブルジョワ的であれ）民主主義が自らの〈理念〉に対して――ということはつまり、「人民《プープル》」の実相に対しても統治《クラティン》の実相に対しても――合致しないという考えは、第二次、いわんや第一次の「世界」大戦の前であってすら、しばしば非常に活発に存在していた。だがこうした考えは、多くの場合、まさしく「全体主義的」な運動を養うことにしか、あるいは少なくとも、この運動の各々のまわりで一種の周縁的なアウラを保つことにしかいたらなかった。当時は、洗練されたものであれ耽美的なものであれ、多かれ少なかれ「マルクス主義者」たらんとしないことは可能ではなかったし、あるいは、「保守的」であれ「精神的」であれ、「革命家」たらんとすることが必須だったのだ。いずれにせよ、思想は民主主義を避けて通るか、あるいはせいぜいのところ、最小の悪くらいにしかみなしてこなかった。そのために、どうしてもこれは、搾取という欺瞞かあるいは通俗的なものという欺瞞か、いずれかの欺瞞を担うものとして現れてこざるをえなかったのだ。ちなみにこれら二つの欺瞞はうまく組み合わせることができるものである。民主主義的な政治は、そこで、正義についても品位についても否認されるという二重の否認のうちに抗いがたく落ち込んでいたのだ。

3　さらけ出された民主主義

第二次大戦以降、民主主義が再考されることになったとはいえ、それは民主主義それ自体のためというよりは、「全体主義」への対抗物としてであった——あぁ、こうしたことが、いかに熱烈に、また公然となされてきたのか！——。その記憶（ファシズム）および増大する告発（スターリニズム）ゆえに、全体主義に対して背を向けることが絶えず促されていたのだ。だがこのように背を向けたからと言って、この今世紀中葉の主たる政治的な破局が説明のつかない悪魔のようなものの闖入によって突如現れたわけではない、ということは意識されるにはいたらなかった。支配的な図式は、あいかわらず野蛮、狂気、裏切り、暴露あるいは悪意といったものだった。もちろんいくつかの分析（たとえばバタイユやベンヤミンから、アレントまで、あるいは……トクヴィルまでの）から何かを学ぶこともできたし、何かを引き出すこともできたわけだが、人は、あえてというよりは、夢遊病者のようにして、それが何であるかに気づかなかったのである。

簡略的に言えばこういうことである。われわれは民主主義が攻撃を受けているということは見ていたのだが、しかし、われわれは、この民主主義はこうした攻撃に対し自ら身をさらけ出していたということ、そしてこの民主主義はそのものとして擁護されることと同じくらい新たに創案されることを要求していたということ、このことは見ていなかったのである。六八年は、このような創案の要請の最初の噴出であった。

これまで、ヨーロッパの左翼を突き動かしてきたのは、脱植民地主義の闘争であり、さらには、当時「現実的」と言われていた共産主義――ただしその現実は共産主義的《コミュニズム》ではまったくなかった――と袂を分かつ運命にあったさまざまな再構成の試み（極左や社会的左翼など）であった。しかし、脱植民地主義の闘争にしろ、断絶の要請にしろ、自らの切迫さのために、ひいては自らの熱意のために、なんらかの道を誤った見方《ヴィジョン》や不十分な見方《ヴィジョン》を再調整するということでは十分でないということが、しばしば覆い隠されていた。歴史の良き主体というイメージを修正するのではけっして十分ではないということが覆い隠されていたのだ。

実のところ、同じとき、思想の深い変異がはじまっていたのだ――とはいえ、ここに言う思想とは、そのもっとも広くもっとも深い、もっとも能動的で操作的でもある意味での思想である。すなわち、評価（évaluation）ということの文明、その存在ないしその形態をめぐる省察の平面としての思想である。実際、おそらくこの時期に、第三帝国の陰気で芝居がかった様態とは別のかたちで、ニーチェの言う「すべての価値の価値転換（transvaluation）」の要請が現実のものとなってきたのである。[†5] だからこそ、善良な方々の言うところとは異なり、[†6] われわれはこの点ではニーチェ主義者だったのだし、今でもそうなのである。一言で言いかえるならば、われわれは、ニヒリズムの出口への道を開いているのである。この道が狭く険しいものであることは知っている。しかしそれは開かれているのだ。

というのも、人が諸々の考え方（conception）や評価の仕方をめぐる対立を抜け出ようとしていたときに開かれたのは、まさしくニヒリズムの出口だからである。こうした考え方や評価方法がどれも秘密裏に（なおかつ／あるいは知らぬまに）共有していたのは、つねに多かれ少なかれ主観的な選択ないし選好にしか依拠しない、あるいは最終的にそこに依拠するようにしか見えないという点である――これは、言ってみればさまざまな価値の全般的な民主主義である。しかし、実のところ、こうした諸々の選択の対立を可能にしていた思想の体制全体の場がずらされはじめていたのである。というのも、われわれは世界についての「考え方《コンセプション》」、「見方《ヴィジョン》」、あるいは世界「像」（Weltbilder）から抜け出ようとしていただけではないからだ。われわれが抜け出ようとしていたのは、理論的パラダイムとしての見方《ヴィジョン》のうちに、諸々の地平の見取り図、諸々の照準の規定、操作的な予見（pré-vision）が内包されているという全般的な体制からなのである。脱植民地主義の深い振動のただなかにあって――あるときには革命的社会主義の、あるときには共和的社会主義のモデルの拡張をともなって——、また、思想や表象の構造的な変異のただなかにあって、レヴィ＝ストロース、フーコー、ドゥルーズないしデリダが非常に早くから診断を下していたように、

---

†5 「すべての価値の価値転換」とは、ニーチェの『権力への意志』の副題である。たとえば以下の記述を参照。「『権力への意志。すべての価値の価値転換の試み』——この定式で表現されているのは、原理と課題に関しての一つの反対運動である。〔…〕いったいなぜニヒリズムの到来はいまこそ必然的であるのか？ それは、私たちのこれまでの諸価値自身がニヒリズムのうちでその最後的帰結に達するからであり、ニヒリズムこそ私たちの大いなる諸価値や諸理想の徹底的に考え抜かれた論理であるからである、——これらの「諸価値」の価値が本来何であったかを看破するためには、私たちはニヒリズムをまず体験しなければならないからである……私たちは、いつの日にか、新しい諸価値を必要とする……」（原佑訳『権力への意志』上、『ニーチェ全集』12、ちくま学芸文庫、一九九三年、一五頁）。

†6 ここで念頭に置かれているのは、一九九一年に公刊された共著『なぜわれわれはニーチェ主義者ではないか』（邦訳は『反ニーチェ　なぜわれわれはニーチェ主義者ではないのか』遠藤文彦訳、法政大学出版局、一九九五年）の著者たち、なかでもリュック・フェリーやアラン・ルノーだろう。これは、「フーコー、ドゥルーズ、デリダ、アルチュセール、ラカン」らの「フランス現代思想」におけるニーチェの継承に異議を唱え、「ニーチェとともに、ニーチェに反して考える」ことを目論んだ著作である。なお、フェリーとルノーはそれに先立って、『六八年の思想　現代の反-人間主義への批判』（一九八五年刊。邦訳は小野潮訳、法政大学出版局、一九九八年）を上梓し、右に挙げたような思想家らの「六八年の思想」に見られる反-人間主義、反-主体主義を批判的に論じている。本章次節冒頭で言及される「六八年の思想」云々は、同著を示唆するものであろう。

われわれは「〈歴史〉」の時代から抜け出ようとしていたのだ。同じとき、サルトルは、大胆にも社会的なプラクティスの主体の思想を捉えなおそうと試みていたのであるが。

4　民主主義の主体について

この「六八年の思想」はむだだったのではなかった。これにあてこすりをすることができると考えていた、あるいは今もなおそう考える者もいるのだが。人々の心性や精神に浸透していたのは、「知識人」の戯れや妄想なのではなく、感情、性向、さらにはハビトゥスないしエートスであった。少なくともいくつかの政党や労働組合のイメージに対する不信とないまぜとなったこのエートスは、政治的活動を、――選挙という方法を通じてであれ、蜂起という方法を通じてであれ――権力の行使や奪取という慣例的な枠組みから引き離し、またなんらかのモデルや教義への依拠から引き離そうとしていたのだ（「イデオロギー」から、と言うこともできるだろうが、それは、後に語るように、まったく新たな意味においてである。つまり、現実的なものの逆転した反映ということではもはやなく、諸々の観念の布置、思想体という意味においてである）。

さまざまなかたちで――しかも、実のところ、非常に異なった、ひいては対立するようなかたちで――、「コンセプション」の体制（主体のコンセプションとコンセプションの主体、行動の統御と統御の行動、見方《ヴィジョン》と予見《プレヴィジョン》、人間や人間関係の投影と生産）から抜け出ることで、それとは別の思考の体制が開かれようとしていたのだ。それはもはや、いわばそれ自体としてすでにあらかじめかたどられた――少なくとも、「進歩」という一般的なモティーフや、なんらかの使い勝手のよい理由に基づいて諸事の進行を臨検する可能性というモティーフに従ってあらかじめかたどられた――歴史的与件を形作る形式を産み出すことではなく、原理的に自らを乗り越えるようなかたちで、目的そのもの（「人間」ないし「人間主義」、「共同体」ないし「コミュニズム」、「意味」ないし「実現」）を提示するということである。すなわち、現勢的（en acte）な無限を働かせるがゆえに、なんらかの予見《プレヴィジョン》でもっては組みつくすことができないようにすることである。[*1]

＊1　だからこそ、「コミュニズム」は、アラン・バディウがするように「仮説」として押し出されるべきではなく――つまり、古典的な闘争という図式でもって把握された政治活動によって正当化するべき政治的な仮説として押し出されるべきではなく――、一つの与件、一つの事実として、つまりわれわれの第一の与件として提示されなければならないのだ。はじめにまず、われわれは共にあるのであり、次いで、われわれは、われわれが現にあるところのものにならなければならないのである。この与件とは、要請としての与件であり、そしてこの要請は無限のものなのだ。

このような時期の思考の核心にあったのは、かつて好んで繰り返されてきたように、諸々の力や対象からなる何がしかの機械装置のために主体が危機にさらされ脱安定化させられるという事態ではけっしてなかった。そこにあったのは、パスカルがすでに非常にはっきりと見てとっていたものへと「主体」が開かれていくという事態である。パスカルは、この「近代」という時代を——あるいはお望みならばどう呼んでもよいが——創始する際、人間は人間を無限に乗り超えるという文句でもってこれを捉えていたのだった。[†7] これは絶対的な要請、約束ないしリスクとも言うべきものだろう。この「主体」、つまり、自己産出的にして自己形成的、自己目的的であるような〈自己への存在〉とみなされた「主体」、自分自身の前提、自分自身の予見《プレヴィジョン》の主体は、実のところ——それが個別的であれ集合的であれ——、諸々の出来事によってすでに乗り越えられたものとして現れていたのである。

ところで、民主主義の核心にあったのはこの主体であった。代表制であれ直接的であれ、民主主義はいまだ、自らの表象、意志、決断を統御する主体という前提から、自らの「コンセプション」をはっきりと引き出してきたわけではない。だからこそ、選挙という挙措の最終的な現実や、「世論調査民主主義」といったものについて正当に問いただすことができるのだ。もちろんこのことは、政治的な代表《ルプレザンタシオン》を、一つのないし複数の国民《プープル》の善ないし運命の呈示《プレザンタシオン》に――言いかえれば押しつけに――無造作に置きかえなければならないということを意味するのではない。

今日、民主主義の現実的な、あるいは偽りの自己批判をめぐっては多くの両義性がありうる。実際、民主主義の諸々の前提をそれ自体に対して向け直すこともできるし、そのあまりにも目につく弱さにつけこんで、「人権」をゆがめることもできる。宗教的な振舞いに対して向けられた批判を「人種主義《ラシスム》」と形容する場合がそうであるし、あるいはまた、政治的には「正しい」「多文化主義」の名のもとで、女性の従属を正当化する手はずを整えてしまう場合がそうである。いっそう狡猾なものとしては、教育や文化的な生活を迷信的な催眠状態のもとで保つことによって、自由な表現がその根元からゆがめられるというのもありうるだろう。だが、こうしたきわめて現実的な脅威は、諸々の民主主義に対

†7　パスカル『パンセ』断章四三四。「されば、傲慢な人間よ、汝が汝自身にとって、いかにパラドクスであるかを知れ。無能な理性よ、へりくだれ。愚かな本性よ、黙せ。人間は無限に人間を超えているということを知れ。汝の知らない汝の真の状態を、汝の主から教えられよ。神のことばを聞け」（松浪信三郎訳『パスカル全集』第三巻、人文書院、一九五九年、二五八頁）。

し、それがそもそも有している明晰さを遺棄するよう助長するものではあってはならない――その逆なのだ！

5　存在することの潜勢力

六八年の利点は、まさしく、一つの見方《ヴィジョン》、自らの指針および目的を呈示し、明示するという意志を差し控えるという点にあった（それがこうした利点を有していたのは、このことがまさしく「六八年」であったからである。このことは、単に社会史的なまなざし、あるいは、いっそうひどい場合には、社会心理学的なまなざしによっては見分けられないものであるが）。

〈歴史〉から逃れる一つの方策として、――しかも、戦争以前から――いくつかの「メシアニズム」の思想への訴えかけがあった。これは、なんらかの〈救い主〉ないし〈裁き手〉の到来というよりは、〈歴史〉の、さらには〈歴史〉における断絶の出来事としての「メシアニズム」の思想である。連鎖というよりはむしろ離接、継起というよりは分離という点から時間そのものを考える思想である。こうした訴えかけは、近年、とりわけデリダのいくつかの主張を出発して継続されている。[†8] ここでは、メシアニズムに関する語彙の使用を何が正当化するのか、それともしないのかといった点についての議論を再開することはするまい。ここでは、いずれにせよ〈歴史〉に関して、一九二〇年代以降、あらゆる出現するものを出来事に置き換えるという、つねに体感することのできる要請の再帰的な兆候として機能してきたものが概してどのような意味を有しているかを記しておくだけにしておこう。六八年は、――しかるべく「メシアニズムなき」ないし「メシアなき」と形容されようが――「メシアニズム」というモティーフへの訴えかけをまったくもっていなかった。とはいえ、六八年のうちに「メシアニズム」的な着想をかすかに見てとろうとすることは禁じられているわけではない。ただしそれは、なんらかの見方《ヴィジョン》や予見《プレヴィジョン》、モデルや形態を練り上げたり推進したりするかわりに、どんな形象も、どんな審級も、どんな新たな権威も導入することのない一つの闖入ないし遮断としての現在を迎え入れる、という

†8　ここで念頭に置かれているのは、ジャック・デリダが、たとえば『マルクスの亡霊たち』（一九九三年公刊。邦訳は増田一夫訳、藤原書店、二〇〇七年）で提示した「メシアなきメシアニズム」とも言うべき考え方であろう。また、ナンシーを次いでストラスブール大学にて哲学を講じるジェラール・ベンスーサンは、ユダヤ思想およびシェリングからベンヤミンにいたるドイツ思想を読み解き、「メシア的時間」の概念についての注目すべき著作を上梓している（Gérard Bensussan, *Le temps messianique. Temps historique et temps vécu*, Paris, Vrin, 2001〔邦訳は法政大学出版局より近刊予定〕）。

意味においてである。

この点に関して重要なのは、良きにつけ悪しきにつけ六八年に帰される――とはいえ理由がないわけではないが――「反権威主義」や無政府主義的ないし自由奔放な感覚ではない。重要なのは、次のような明白なことのもつ意味である。「権威」というのは、(制度的であれ、宗規的であれ、規範的であれ)先行するなんらかの権威づけによって規定されるのではまったくなく、もっぱら、そこで表明されたり承認されたりする一つの欲望に由来するということである。こうした欲望には主観主義や心理学主義がひそんでいるということではなく、存在することの真なる可能性、つまり真なる潜勢力(puissance)の表出が問題なのである。

民主主義がなんらかの意味を持つとすれば、皆が共に、皆各々が共に存在するということの真の可能性が表出され承認されるという欲望――意志、期待、思想――の場ないし跳躍以外に基づいているとみなしうる権威はどれも活用しない、というのがそれである。ここでふたたびこう繰りかえさねばならない。「共産主義」や「社会主義」という語に実際にどのような歪みがもたらされてきたにせよ、「民主主義」という語がまさしく、あるいはもはやはぐくむことができなかった要請や熱意を、これらの二つの語が備えていたというのは偶然ではないのである。六八年は、なによりもまずあらゆる同定から自らの身を引き剥がそうと主張することで、現在のうちで、このことを突如思い起こさせるのである。

6　無限なものと共通のもの

民主主義が十分考慮に入れてこなかったこと、それは、民主主義とは、欲望を欠き、精神、息吹、意味《サンス》を欠いた必要事の管理ないし次善の策にすぎないものでないとすれば、なんらかのかたちで「コミュニズム」でもあらねばならなかったということである。問題はつまり、単に「民主主義の精神」を捉えることではなく、「民主主義」は、まずもって、形態、制度、政治的・社会的体制であるに先立って、精神であると考えることである。こうした主張には、無定見で、「精神主義」で「観念論的」なものがあるように見えるかもしれないが、しかし、そこに含まれているのは、逆に、もっとも現実的かつもっとも具体的、そしてもっとも差し迫った必要性である。

ルソーの『社会契約論』が、法的ないし保護主義的な限界を超えた意味を有するのだとすれば――この限界内ではそれは日付のはっきりした概念によって閉じ込められることになる――、それは、自らを統治する共同体の原理を産み出すには、同時に、まずもって、そしていっそう本質的なこととして、彼のテクストが文字通り言う知性ある人間という存在を産み出すことが必要である、という点にある。[†9]

　民主主義の精神は、これと異なるものではない。それはすなわち、人間の息吹、しかも、所与の——この所与をどこで捉えるのか？　いかなる条件で、いかなる地位のもとで捉えるのか？——人間の高みに尺度を合わせた人間主義の言う人間ではなく、無限に人間を乗り超える人間の息吹である。これまでわれわれに欠けていたもの、それはルソーをともなったパスカルである。マルクスは、両者を結びつけるすれすれのところまできていた。彼は人間とは自己を産み出すものであること、そしてこの産出はあらゆる計量可能な評価よりも無限の価値を有するものであることを知っていたからだ。そして、共産主義《コミュニズム》という要請に、何の見返りもなく自分の名を——「マルクス主義」という呼称ではなく、自分の固有名を——付与したのがマルクスである。ちなみにわれわれは、こうして考えてみることによって、この共産主義という要請が、策略と見まがわれるほどになるまでもちこたえたり強制力を発揮したりすることができたのはどうしてかをよりよく理解することになるだろう。

この要請、人間の要請、無限なものの、共通のものの要請――同じでありつつ、多様に変化し、変調し、多様な様態をとりうる要請――は、本質上、規定されも定義されもしない。そこにはいくばくかの計算不可能な部分があるのだが、これは、おそらくのところ、――「資本」と呼ばれる――全般的な計算の文化の要請にもっともはむかう部分なのだろう。この部分が要求するのは、予見に基づく計算や、生産性の予測とは断絶しているということである。とはいえ、断絶と言ったからといって、（語の二つの意味での）もっとも最適な尺度＝測定（mesure）を予測したり、準備したり、考慮に入れたりすることをすべてやめなければならないということではない。そうではなく、この要請の無限性が、自らの場を――そして自らの時間、契機を――得なければならないということである。ある時

†9　ルソー『社会契約論』第一編第八章「社会状態について」。「自然状態から社会状態へのこの推移は、人間のうちにきわめて注目すべき変化をもたらす。というのは、人間の行為において、正義を本能に置きかえ、これまで欠けていた道徳性を人間の行為に与えるからである。〔…〕このような高所に達するので、もしこの新しい状態のために、彼が脱出してきたもとの状態以下に堕落するようなことがなければ、彼をもとの状態から永久に引き離し、愚かで視野の狭い動物を知性的存在でありかつ人間たらしめたあの幸福な瞬間を、彼はたえず祝福しなければならないだろう」（作田啓一訳『ルソー全集』第五巻、白水社、一九七九年）。

のあいだ――当然のことながら、短い時のあいだ――、六八年という時は、クロノスというよりもカイロスであった。すなわち、持続や契機というよりも機会や出会い、出来することなき、確立することなき到来（advenue）、諸々の可能なものの現前および共現前として現在を捉えることの行き来（venue et allée）であった。この可能なものとは、権利としてではなく潜勢力として規定されてきたものである。つまり、「実行可能性」という点においてではなく、存在の開けないし拡張という点において評価されるべき潜在性である。この潜在性とは、物象化とは言わずとも、無条件の現実化には従属することなく、潜勢力として、この存在の開けをもたらすものだからだ。無条件と言ったが、無条件的なものは、逆に、この営為の作品化（mise en œuvre）を受け容れるものとして、その絶対的な「実現不可能」性のうちにとどまるものであることも必要なのだ。[†10]

7　計算不可能なものの分有

言いかえるならば、実存の営為《ウーヴル》にとっては、作品《ウーヴル》以上のものであること、あるいは無為＝脱作品化（désœuvrement）が重要なのだ。この営為《ウーヴル》によって共通のものとなるものは、単に交換可能な財の次元に属するばかりではなく、交換不可能なもの、あらゆる測定可能な価値の外部にあるがゆえに価値を有さないものの次元にも属するのだ。

価値を有さないものの部分――計算不可能なものの分有の部分、ということはつまり、厳密に言えば、分有不可能な部分――、これは政治をはみ出る。政治とは、この部分の存在を可能にせねばならず、その開放性を維持すること、そこへとアクセスする条件を保証することを自らの責務とするが、ただし、こうした部分の内実を引き受けるのではない。計算不可能なものが分有される要素としては、芸術や愛、友愛や思想、知や感情といった名前が挙げられるだろうが、しかし政治はそういうものではない――いずれにせよ、民主主義的政治はそうではないのである。民主主義的政治は、この分有を自らのものとして要求することを控えつつ、分有がなされることを保証するのである。

†10　ここでフランス語の mise en œuvre という表現を「営為の作品化」とした。œuvre というフランス語は、ラテン語の語源 opus に由来する語であり、「仕事」や「活動」などの行為自体を指す場合と、「成果」や「作品」など行為の結果を指す場合の両方がある。英語の work、ドイツ語の Werk に相当する。以下、œuvre は、適宜文脈に合わせ「作品」、「営為」、「仕事」、あるいは動詞的に用いられる場合には「働く」などと訳し分け、その都度ルビをふった。ただし、「作品」とした場合も、単に芸術作品のみを指すのではなく、可能態にとどまっていたもの、あるいは労働や仕事などの存在することの営為が、現実的、現勢的に現れたものといった広い意味で理解されたい。

民主主義に対する失望は、この計算不可能なものを政治的に分有することへの期待から生じる。われわれは、国民の運命、共和国の運命、人類の運命、関係の実相、共通のものの同一性《アイデンティティ》といった絶対的な分有を作品化《ウーヴル》し実効的なものにするものとしての政治という見方に捉われていたのだ。こうしたものはすべて、君主制の時代にはその栄光によって包摂されるように見えることもあったし、また「全体主義」はこれを文字通り民衆‐統治的（démo-cratique）な栄光でもって置き換えようとしてきたのだった。本質において、生きた身体において一体となった〈人民〉の絶対的権力、〈労働者〉としての、あるいは〈同地出身者〉としての人民、かつての〈君主〉にとってかわった〈原理〉の自己生産性や土着性というのがそれである。

われわれがこうして忘れてしまっているのは、君主制は、自らのうちに——ただし、その側面や余白にあるように——、少なくとももう一つの分有ないし包摂の原理を残しておくことなしには、神的権利を帯びることをなかった、ということである。そのもう一つの原理とは、政治的権威や使命とは端的に混同してはならない神的権威や使命である。イスラムにおけるまで、まさしく神学的と言うべき次元とまさしく政治的と言うべき次元とのあいだには区分があった。実のところ、二つの次元を分離するというのはギリシアにおける政治の起源に属するものであったし、古代の市民宗教は、通過儀礼や法悦や啓示といったものを配慮することはしつつも、そこに溶け込むということはなかったのである。*2

政治が生まれるのは、それ自体とそれとは別の秩序との分離においてである。今日、われわれの公的な精神のもとでは、このもう一つの秩序は、神的なもの、聖なるもの、なんらかの霊感を帯びたものとしてはもはや目されていないが、それでもやはり分離が保たれている（ここでもまた、芸術、愛、思想等々を通じて）。この分離を、真理ないし意味《サンス》をめぐって、さらにはウィトゲンシュタインが語っていたように、世界の外部にある世界の意味《サンス》をめぐって語ることもできるかもしれない。すなわち、世界のただなかで、われわれのただなかで、そしてわれわれの共通の分有としてのわれわれのあいだで開かれた外部としての意味《サンス》である。†11 この意味《サンス》は、われわれの実存を締めくくるのでもないし、それを一つ

---

*2 「政治神学」について語られるとき、とりわけ「神学‐政治的」という形容詞が用いられるとき、非常に多くの場合、これらの語の発案者であるカール・シュミットにおけるその意味が曲解され、次のような混同した効果が生み出されてしまう。人はこれらの用語でもって、二つの領域の結合ないし融合を、つまり結局のところは神権政治を指し示そうとしているのだが、しかし本当に問題になっているのは、逆に、きわめて綿密な区別なのである（一つ補足しておこう。スピノザの『神学政治論』は、シュミットが「政治神学」と呼んでいるものにはまったく帰属しない。まったく逆である）。

の意味作用のもとに包摂するのでもない。それはただ、われわれの実存が自分自身へと開く、言いかえると互いの実存へと開きあうようにするものなのである。

六八年は、この意味《サンス》の意味を、ふたたび見いだした――あるいは、新たに、未聞の仕方で感じたのである。しかも、政治の傍ら、まったくそばで、しかしまた、政治に抗して、あるいは政治を通じてそうしたのである。

8 有限なものにおける無限

民主主義は、いましがた語った忘却によって生まれ損ねていたのだ。君主制は、人民や国民や共同体の運命――その存在、あるいは本質――の全体を引き受けていたはずだと考えたがために、最初期の民主主義の思想は、自分自身を欺くはめになった。ルソーが、正しい意味での民主主義（つまり直接的で、無媒介的で、自発的な民主主義）は、神々の民にとってしか良きものではないだろうと考えざるをえなかったのは、彼が、民は神的でなければならない、人間は神的でなければならない、すなわち無限のものが与えられなければならない、と抗いがたく考えているからなのだ。

だがこのような与えられたものとしての無限はパスカルの言う乗り越えの無限ではない。

無限の乗り越えは自らを無限に乗り超える。それは与えられたものでもないし、与えるべきものでもない。それは一つの意味作用のうちに、あるいは一つの同一性《アイデンティティ》のうちに現示すべきものではない。とはいえ、それは現勢的な無限、現実的な無限であって、潜在的なものではない。つねに後退していく限界を無際限に追跡することではなく、現実的、実効的で、一貫した現前である。このことは、この現前が測量可能なものの秩序にあるということではないし、規定可能なものの一般の秩序にあるということですらない。それは、有限なものにおける無限なものの現前であり、その開けである（デリダが「無限の差延は有限である」と語っていたのは、まさにこのことである。――「差延（différance）」とは、彼にとって、「遅れ」なのではなく、逆に通約不可能なものの絶対的な現前のことなのである）。

無限なものは与えられるはずはないし、人間は（一つの）神であるはずはない。このような教訓は――これは、実のところ、マルクスが望むように、人間を根に据える、しかも人間を無限に超過するような根に据えるという点で根本的な教訓なのだが――、民主主義の創案ということに関連した教訓である。マルクスは、根底では、人間は無限に人間を乗

---

†11　ウィトゲンシュタイン『論理哲学論考』六・四一を参照。「世界の意義は世界の外になければばならない」（奥雅博訳『ウィトゲンシュタイン全集』第一巻、大修館書店、一九七五年、一一六頁）。

り越えるということを無視してはいなかった。彼は、このことについて熟考したわけでも、こうした言い回しでもって表現していたわけでもないが、しかし彼の思想がどうしても引き受けていること、それは、人間による人間の（社会的）生産は無限の過程である――しかも、一つの「過程」以上のもの、一つのプロセスや進歩以上のものである――ということなのだ。マルクスは、（とはいえここでこのことを証明しようとはするまい）「全的」人間は無限であること、絶対的意味での「価値」（すなわち使用価値でも交換価値でもないもの）は無限であること、そして「疎外からの脱出」は無限であることを知っていた。われわれが必要としているのは、そうするとマルクスをともなったパスカルとルソーだということになろう。

人間は神ではないことを忘れないこと、絶対的なもののもとでの人間の引き受けはそのものとして示されるものではなく、今ここで、「人格の尊厳」や「人権」によっては――たとえこれらをそこから区別してはならないとしても――まったく保障されないような現在において、生起するものなのだということを忘れないこと。つまり、「共通のもの」――民衆《デモス》――が主権的であるのは、それが国家やなんらかの政治的な形態の主権的な引き受けからまさしく区別されるという条件においてのみなのだということを忘れないこと。

民主主義の条件とはこのことである。そしてこれが、六八年以降、われわれが理解すべく要求されていることなのだ。

9　区別された政治

以上のことによって政治というものが規定されるのではない。このことによって、まさしく政治的というべき領野がどのようなものでなければならないかが十分に規定されるということですらない。だが以上のことは、少なくとも、「あらゆるものは政治的である」という準則とは距離をとるものである。この準則は、おそらくのところ、見かけに反し、見事に新神学的な準則だったのだろう。政治とは、あらゆるもの〔全体〕でも、またもちろんのこと無でもないのであって、自分自身が引き受けることもできず、また引き受けてはならないものとの区別（distinction）――および関係――のうちで理解されなければならないのである。政治は引き受けることができないというのは、もちろんのこと、別の審級（芸術や宗教、愛、主体性、思想等々）が引き受けるからということではない。引き受けられるものは、複数的かつ多様であり、多元的かつ相互に異質的ですらあることを本質的な様態とするのであり、そのために、皆によって、そして各人によって引き受けられなければならないからである。

分離した審級としての政治が消滅し、存在のあらゆる領野に浸透するものとしての政治が回帰するというのが民主主義的・社会主義的な夢想であった（若きマルクスはおおよそのところこのような言い回しで語っていた）。だが、政治は分離したものとしてしかありえない。ただしこれは、「政治家」に対して猜疑心をもって距離をとるという意味での分離ではなく、本質上、〈共‐に‐ある（l'être-en-commun）〉ということからの分離である。この、〈共‐に‐ある〉ことは、なんらかの形象や意味作用のうちに実体化されることのないものである。

こうした考察は、さしあたりは、政治的な関心からはかけ離れているようにも見えるが、ここから出発してこそ、こうした関心の民主主義的な輪郭を描くことができる。まず理解できるのは、このことが、政治という語を二つの意味で区別する（distinguer）ことを含むということである。一つは、政治を判明（distincte）なものとみなすことであり、もう一つは、それに対してしかるべき区分をあてがうことである。とりわけ、権力の実践や象徴を、あらゆるものやあらゆる者を同等に同じ平面にあるとみなす区別なき俗流民主主義（démocratisme）のうちに解消させようとするのをやめることである。民主主義の病のもっともはなはだしい徴候の一つは、われわれが、権力のことを、あるときには敵対的あるいは悪しき審級、すなわち人民の敵であるとしたり、またあるときにはありとありうる力関係が無際限に増大し四散した現実であるとしたりすることほかに、権力を思考できないという点にある。「ミクロ権力」の考察という名のもとで、（政治的）権力そのものの特殊な次元が忘れられ、それに固有かつ判然たる使命が忘れられてしまうのである。

だが、総じて言うならば、民主主義の要請がわれわれに直面させるのは、区別という務めである。そして、この区別という務めこそ、ニヒリズムの外へと道を切り開いていくことのできるものなのである。ニヒリズムとは、実際、あらゆる区別の撤廃、言いかえるとあらゆる意味ないし価値の撤廃にほかならない。意味ないし価値、これが生じるのは、差異によってのみである。一つの意味が他の意味と区別されるのは、右が左と区別されたり、視覚が聴覚と区別されるのと同様であり、一つの価値とは本質的にほかのすべての価値の非等価なものなのである。「価値」に対するニーチェの批判、「価値の哲学」の途方もない弱さを産み出したのは、価値を、評価という振る舞いの等価性を基盤とした所与の指標――理念的なものであれ規範的なものであれ――とみなす思想であった。しかし価値とは、まずもって、それを評価し、区別し、創造する振る舞いを区別することなのである。われわれに必要なのは、ニーチェ的民主主義という、この見かけは矛盾した形容法である。

10 非等価性

ところで、民主主義世界がこれまで展開してきた文脈――民主主義的世界がそもそも結びついている文脈――、それは、一般的等価性という文脈である。この表現はここでもまたマルクスのものだが、これは単に、あらゆる区別を全般的に平板化することや、卓越したものが凡庸なものへと還元されるということではない。――こうしたモティーフは、周知のように、ハイデガーの「世間」の分析を統べていたものである（そこには民主主義に直面した哲学の兆候的な袋小路の一つを見ることができるだろう――ただし、そのしかるべき正確な分析についてここでは何も速断するまい）。一般的等価性という表現が指しているのは、まずもって貨幣であり、商品形態である。言いかえれば、資本主義の核心である。そこから引き出すべき教訓は、次のような非常に単純なものだ。民主主義は――資本主義としてではないにせよ――資本主義において、あるいは資本主義とともに生まれてきたのであるが、この資本主義とは、何よりもまず、原理からして、ある評価様態を選択することである、というのがそれだ。この評価様態こそが、等価性（l'équivalence）である。

資本主義は、文明の決断に基づいている。等価性のうちに価値がある、という決断である。技術もまた、この決断の効果のうちで、そしてこの効果によって展開してきたものである——世界への技術的な関わりはまさに元来的には人間の関わりであるのだが。このような技術は、等価性につき従う。技術は、ありとあらゆる目的の等価性に、さらには、少なくとも貨幣の領域においてと同じくらい明白なかたちで、目的と手段との等価性にすら従属するようになるのである。

民主主義は、こうして、マルクスが語るものよりもいっそう一般的な等価性の名となりうる傾向を有している。すなわち、そこでは目的、手段、価値、意味、活動、作品《ウーヴル》、人格がすべて交換可能となりうるということだ。というのも、あらゆるものは、互いを区別してくれるようなものには何も関わらなくなる——関わるとしても、「分有（partage）」という語に固有の豊かさにはほど遠い、諸々の役割の代替ないし諸々の場の入れ替えでしかないような交換にしか関わらなくなるからである。

民主主義の運命は、等価性というパラダイムの転換の可能性に結びついている。まったく新たな非等価性を導入するということ、しかも、もちろんのこと、経済的支配の非等価性でもなければ（そこでは根底では等価性が残ることになる）、封建制や貴族制の非等価性でもないし、神による選びや救済という体制の非等価性でも、精神性や英雄主義、審美主義の非等価性でもないような非等価性を導入するということ、これこそが挑戦なのだ。それは、もう一つの差異システムを導入するということではなく、評価すること、評価しながら肯定することの意味《サンス》を見いだすこと、獲得するということであろう。それはつまり、それぞれの評価的な身振り――実存や、作品《ウーヴル》や、作法についての決断――に対し、それが所与のシステムによってあらかじめ計量されることのないという可能性、逆に、それがその都度、特異で、比較不可能で、置き換えることのできない「価値」――あるいは「意味」――の肯定となるような可能性を与えるということである。このことのみが、経済的支配として想定されたもの――これは等価性をもたらした根底的な決断の効果にすぎない――の位置をずらすことができるのだ。

　自由主義的な個人主義は諸々の個人の等価性しか生み出さない――ここには「人格」と命名されたものも含まれる――。それとは逆に、共通のもの（le commun）が可能にするのでなければならないこと、それは、各人の肯定である。とはいえそれは、まさしく、皆のあいだでしか、言うなれば、皆によってしか「価値」を持たないような、そういう肯定である。各人の、各々の関係の特異な意味の可能性や開けに関わっていくようにして皆に関わっていく、そういう肯定である。このことのみがニヒリズムから抜け出るのである。それは価値を再活性化させることではない。そうではなく、「無」ということの意味が、皆が通約不可能なかたちで、絶対的に、無限に価値を持つことであるような、そういう基底のもとで、皆が顕現することである。

通約不可能な価値の肯定とは、恭しく観念的に見えることもありうる。だが、これは現実的な原則として受け取らなければならない。この肯定は、夢想へと身を委ねることでも、なんらかのユートピアを提示するものでもなければ、統制的理念を呈示するものでもない。それが告げるのは、絶対的に価値を持つということから出発しなければならないということである。このことは、諸々の人間や、文化や、発話や、信仰などが、「すべて等しく価値がある」ということではけっしてなく、つねに、「何ものも互いに等価ではない」ということである（ただし、貨幣化できるものは除く。あらゆるものがそうなることが可能なのだが）。各人――一人の、二人の、たくさんの、一つの人民の、各々特異な「一人」――は、唯一性、特異性でもって唯一的なのであり、各人は、行為や仕事〔＝作品《ウーヴル》〕、労働のかたちで自らを現すことを無限に義務づけ、そしてまた自分自身の義務とするのである。とはいえ、同時に、厳密な平等が、これら通約不可能なものたちのあいだの分有の体制である。

11　無限なもののために形成された空間

非等価な肯定のための条件が政治的なものであるというのは、政治がその空間を整えるのでなければならないからである。しかし、この肯定そのものが政治的なのではない。この肯定には、実存的、芸術的、文学的、夢想的、恋愛的、科学的、思考的、遊歩的、遊戯的、友好的、美食的、都市的——お望みの何でも当てはまる。だが、政治は、これらの領域のいずれも包摂することなく、それらに対し場と可能性を与えるのである。

諸々の肯定がそこから出発して生起することができるような開けのなかで、政治は、不確かな輪郭、あるいは複数の不確かな輪郭以上のものを描くことはない。政治は、肯定するのではなく、肯定の要請に対しその正しさを認める。政治は、「意味」や「価値」をもたらすのではなく、これらが場を持つこと、そしてこの場が、完成し、実現し、物象化した意味内容の場とはならないことを可能にするものなのだ。そうなってしまえば、この意味内容は、自らを政治的なものが成就した形象だと主張することになるからだ。

民主主義的な政治は自らを形象化することを断念する。そのかわりに、諸々の形象が、肯定されたり、発明されたり、創造されたり、想像されたりすることによって、増殖することを可能にするのである。だからこそ、〈同一化〉の断念は、純粋な禁欲ではないし、勇気ある、あるいは有徳の禁制に関わるのでもない。これらはいずれもいまだ、根底では、辞退すること、あるいは獲得が不足することとして考えられているものである。民主主義的な政治が開くのは、多数の自己同一性《アイデンティティ》のための、そしてそれらの分有のための空間であるが、しかし民主主義的な政治はそれ自体としては形象化されることはない。このことこそが、今日の政治的な勇気が語ることができなければならないことなのだ。

王、〈父〉、〈神〉、〈国家〉、〈共和国〉、〈人民〉、〈人間〉あるいは〈人類〉、はたまた〈民主主義〉といったイメージによってもたらされてきた主要な同一化を断念すること、このことは、逆に、皆が、あるいは各人が、共にあること（l'être-ensemble）のうちで、場所を持つ者、役割や——見積り不可能な——価値を持つ者として自己を同定する（今日では「自らを主体化する」と言うのが好まれるかもしれない）ことと矛盾するものではない。政治をなすもの、アリストテレスの規定によれば「良く生きる」ことをなすもの、それは、まさしく、いかなる形象によっても、いかなる概念によっても、いかようにしても規定されることのない「良さ」である。したがって、それを規定するのはポリスという形象ないし概念でもない。ポリスとは、(「そこで」というよりは) そこからして、そこから出発して——とはいえこのことは、そこから立ち去るということでも、都市や国民、民族、国家などをあらゆるところで絡み合わせるような世界から離れるということでもない——、「良く生きる」ことを構想し、描きだし、夢想し、歌い、思考し、感じることのできる場のことなのである。この「良く生きる」とは、どのような「良さ」も自らのうちに含んでいる無限なるものに通約不可能なかたちで釣り合ったものなのである。

民主主義は形象化できるものではない。もっと言えば、それは、本質上、形象的なものではない。これがもしかすると、それに最終的に与えることのできる唯一の意味かもしれない。すなわち、民主主義は、共通のものの運命、共通のものの実相についての形象を引き受けることを放棄するのである。そうではなく、無限なものがとりうる諸々の形態、われわれの主張がもちうる諸々の形象、われわれの欲望がとりうる諸々の声明をできるかぎり増殖させることができるような共通の空間を形成すること、これが民主主義によって課されることなのである。

ここ五〇年のあいだに芸術の領域で起きていることは、この要請がどれほど現実的なものであるかを顕著に示している。民主主義的な都市は、自らを形象化するのを断念し、自らの象徴やイコンを、もしかすると危険のあるかもしれない仕方で棄てさっているが、そうすればするほど、逆に、未聞の形態に向かうありとあらゆる渇望が生じてきている。芸術は、身をよじりながら、「芸術」と呼ばれるあらゆる形態に対し、そしてまた「芸術」の形態ないし観念そのものに対し、自分自身を超過するような形態を産み出すようになってきた。ロックやラップ、電子音楽、ヴィデオ、合成映像、タグ、インスタレーション[†12]やパフォーマンス、あるいはさらに（叙事詩や絵画といった）既存の形態を再考する新たな解釈、こうしたものはみな、変容〔形態を超える（trans-formation）〕過程にある存在を、新たなかたちで捉えようとする熱に浮かされたような期待ないし欲求を証言しているのである。小説について、言われるような「危機」があるとすれば、それは、われわれが、もはや大文字の〈歴史＝物語〉をもたないわれわれの歴史＝物語について新たな語りを創案しなければならないからである。そして、ボディ・アートなるものが――しかも血や苦しみの次元にいたるまで――あるとすれば、それは、われわれの身体が別の仕方で理解されること

†12　タグとは、グラフィティにおいて製作者が自らの名前や出身地などを描いたものを指す。インスタレーションは、現代美術において、特定の室内などの空間にオブジェを置くことで、この空間自体を芸術作品として構成する手法。

を欲しているからなのだ。そのためにはありとあらゆる錯乱を経由することになると言ったからといって、それは十分な議論とはならない。というのもそれは、ありとあらゆる要請や呼びかけを経由するものでもあるからである。聴取することを学ばねばならないのだ。

だがこのことによって同時に開かれるのは、この点に関して、都市というものが、それ自体として、何をなさねばならないかということについての刷新された問いである。[†13] それは、形態や語りといったものを引き受けたり、あるいはそれらから免れたりせねばならないということではない。こうしたことはもちろん、「文化的政治」の諸々の両義性――政治を管理する者と政治を要求する者との両義性――が痛ましくさらけ出すジレンマである。単純な返答はないし、もしかすると「返答」というものはまったくないかもしれない。だが、働くこと〔＝作品《ウーヴル》を為すこと〕をしなければならないのであり、そして、民主主義とは、作品《ウーヴル》における政治を引き受けることではないということを理解しなければならないのである。

12　プラクシス

私に対して次のように言う向きもあろう。つまりあなたは、民主主義とは政治ではないと公然と宣言しているのですね！　と。さらにそれに加えて、あなたは、自分自身はご自分の言う「無限」のなかで気を紛らわせつつ、われわれを、活動や介入や闘争の手段を欠いた状態に放っておくのですね、と……。

　まったく逆である。実のところ、私が言いたいのは、政治の問いが真剣に提起されるためには、民主主義が政治的な秩序の原理的な乗り越えとして何を開始するのかについての考察からはじめなければならない、ということである――ただしここに言う乗り越えとは、ポリスを起点にして、ポリスの創設やその闘争（われわれはこれを人類という無限の相のもとで（*sub specie infinitatis humani generis*）思考しなければならない）を起点にしてしか生じないものである。私はこの意味においてこそ、民主主義の「精神（esprit）」と言っているのである。これは、民主主義の精神性《メンタリティ》や風土、一般的な要請などを識別させるものではなく、民主主義に息を吹き込むはずの（inspirer）、あるいは――少なくともわれわれがそれ

†13　「都市」という様態について、ナンシーが、これまで書きためてきたいくつかの「都市論」が、『遠きにある都市』という表題のもとにまとめられ公刊されたことを指摘しておこう（Jean-Luc Nancy, *La ville au loin*, Paris, La Phocide, 2011）。ここでは、「都市（ville）」の問題が、ポリスや都市国家（Cité）、さらには文明（civilisation）との関係、技術や情報との関わりなど、本書とも通底するさまざまな角度から論じられている。

を自らのものとすることができるのだとすれば——実際にも息を吹き込んでいる息吹のことである。ただそのためは、われわれがこの息吹を体感することができていなければならないのだが。

政治的な活動が、今日実際にそうであるように、麻痺してしまっているのは、この活動がもはや動的エネルギーを備えた「第一動者」を起点に動かされるということがありえないからである。つまり、政治の面ではそのようなものはもはや存在せず、政治は全体として他所から出発してもう一度動かされなければならないということである。経済そのものが、政治およびその他のものの動因として考えられ続けるかぎりにおいては、資本およびその増大のほかには経済的な第一動者も存在しまい。そこには、等価性を価値あるものとすると同時に、この等価性の無差別的な中立性を道徳化するとみなされた「進歩」という観点をも価値あるものとする選択の帰結がある。

こうした深い選択——ルネサンスから一九世紀までになされてきた選択——が、自らの持っていた徳を汲みつくしてしまい、そしてこの汲みつくしてしまったということが顕わになった今、もはや「左翼」などはない。立腹し闘うこと、告発し要求することには——人間の、自らの権利を超えた、正しく、生き生きとし、美しい無限を要求することには

——一方ならぬ理由がつねにあるにもかかわらずである。

＊

この選択が今日もなお別様に追求されているということもありうるかもしれない。人間が根底で望んでいるのは「悪」にほかならないということもありうるかもしれない。すなわち、「生」に対してつねに補足を求め、生の必要事を超えた拡張を求めるアリストテレスの「良く生きる」ではなく、逆に、自己自身を、また同時に他者たちを無化することによって実効的なものとなりうるもう一つの補足、もう一つの拡張である。この無化とは、さらに言うと、共通的なものが、共通に炭化することへと還元されることによる無化でもある。そう、こうしたことはありうるし、現段階の人類がわれわれに表しているのは、死体置き場、飢餓、自殺、愚鈍化の共通性《コミュノテ》なのである。

このような可能性そのものによってこそ、私が民主主義の実相としての「コミュニズム」と呼ぶものについての執拗な問いが、白熱した明証へともたらされる。というのも、われわれが共通に塵になることを約束されているということ以上に共通のもの、は何もないのだから。このこと以上に、等価性とその決定的なエントロピーをうまく実現できるものは何もない。死の強迫以上に共通のものは何もないのだ――問題は、アウシュヴィッツやヒロシマを可能にした国家的なテクノロジーの政治がこの種の欲動を引き起こしたかどうかにあるのではなく、何千年にもおよぶ自らの重みに耐えかねた人類が、数世紀来、自らの無化の道を選択してはこなかったのかという点にある。

だが、この無とは実質的な無である。それは「共通のもの（*res publica communis*）」ではなく、「ものとして、物化されたものとして共通」のものとなるということだ（この点は、ある程度までは、「商品」がすでにそうであった）。われわれが欲しているのがこれであるのならば、この欲望が何を言わんとするかを知らなければならないだろう。それは、「神は死んだ」ということではない。そうではなく、死がわれわれの神になるということなのだ。

＊

民主主義が言わんとしていること、それは、死も生も、それ自体として価値をもつのではなく、分有された実存のみが、しかも、自らの究極の意味の不在に対してと同様に、自らの真の――そして無限の――存在の意味に対してさらけ出されたものとしての分有された実存のみが価値をもつということである。

人民が主権者なのであれば、人民は、バタイユが、主権〔志高性〕とはなにものでもないと書いたときに考えていたものを引き受けなければなるまい。*3 †14 主権は、いかなる人格に

---

*3　このような形容は、それ自体としては、ボダンから（さらにはマキャヴェッリから）カール・シュミットにいたる主権の政治的原理に矛盾するものではない。この伝統にとって、主権とは——それ自体の行使のほかには——無である。だが、この伝統にとっては、この行使そのものが意味をなし、諸々の国民の使命〔＝行き先（destination）〕を成就するとされるのである。この使命そのものは、当該の国民についての威厳ある、とはいえはかない形象を次から次へともたらすほかはないのだが。だがそうすると、無が絶対的に真剣に受けとられているということではなく、結局のところ、究極的な決定権は、宗教、あるいはまたニヒリズムから借り受けられているのである。民主主義が要求するのは、逆に、究極的な決定権などないということ、さらに——裏側の世界ではなく——無が、それがまったき有限性のうちに開く無限性において、絶対的に真剣に受けとられねばならないということなのである。

†14　ジョルジュ・バタイユ『至高性　呪われた部分』を参照。「足早に考察してきた概観（本書の序論にあたる）を、いちおうここで切り上げたいと思う。それは研究対象の概観ではなくて〔…〕、一つの問題〔…〕の概観なのである。私としては、至高性を一つの対象＝客体として捉えることの不可能性を、かなりの程度まで説明しえたと思うのだが……。〔…〕至高性は**なにものでもない**のであって、それを一つの事物としてしまうことがどれほどおもしろいことであったか（が、しかしまた不可避的なことであったか）を、私は語ろうと努めてきたのだ」（湯浅博雄・中地義和・酒井健訳、人文書院、一九九〇年、一〇五頁）。

も委託されないし、いかなる輪郭においても形象化されないし、いかなる墓碑の上にも建立されない。それは、まったくただ、至高のものなのである。その上には何もない。神も主もない。この意味では、民主主義は無秩序《アナーキー》である。しかし、ここに言う無秩序《アナーキー》は、行為、活動、闘争、形態化等々を巻き込むものである。このことによって、措定され、委託され、押しつけられるものという意味での秩序《アルケー》の不在がしっかりと保たれるのである。民主主義の統治《クラテイン》、人民の権力とは、まず秩序《アルケー》を挫折させ、次いで、皆が、また各人が、こうして日のもとにさらけ出された無限の開けを引き受けることができるようにする権力のことである。

この開けを引き受けること、それは、無限なものが有限のうちに書き込まれることを可能にするということである。この根源的な選択――繰り返さなければならないが、これは文明全体の選択である――、ここから帰結するのは、一般的等価性の不可避的な無効化である。一般的等価性のほうは、無限なものが書き込まれるかわりに無際限なものが永続化することであり、肯定的な差異のかわりに無差別な中立性を置くことであり、対決のかわりに寛容を、諸々の色彩のかわりに灰色を置くことなのだ。

このような思考へと踏み込んでゆくこと、それはすでに行為することである。それは、何かに合致するようになった生産物ではなく、むしろ、変容した〔形態を超えた（transformé）〕主体が生じるような、つまり有限な対象ではなく、むしろ、無限の主体が生じるような、そういうプラクシスのうちに踏み込んでいくことである。

このようなプラクシスが、おそらく――一切の改革（réforme）や、整備や、賢明な管理にも先立って――、一介の異議申し立てや反乱以上のものを巻き込むことができる唯一のものだろう。それはすなわち、一般的等価性の土台そのものを引き剥がすことであり、その偽りの無限性を問いただすことである。

13　実相

これまでの議論を振りかえり、締めくくろう。

民主主義の実相とは次のことである。それは、〈古代人〉にとってそうであったのとは異なり、諸々の政治形態のうちの一つではない。それは、政治形態なのではまったくない。少なくとも、まずは政治形態なのではない。だからこそ、人はそれを正しく、あるいは良く規定しようと骨を折るのだし、またそだからこそ、この民主主義は、一般的等価性の計算あるいはその占有（これが資本主義と呼ばれるものだ）の支配と同質のもの、それと合致したものとして現れることもあるのだ。

民主主義は、近代において創設されたときには、政治的な事柄に対して全面的な基礎の与えなおしを行なうとしていた。基礎づけようと欲するものは、基礎そのものよりもいっそう深いところまで下りていく。民主主義は人間を（ふたたび）産み出す――ルソーはそう宣言した。民主主義が新たに開くのは、人間の行き先〔＝使命（destination）〕であり、そしてそれとともに世界の行き先である。「政治」はもはや、この行き先あるいは誤配〔＝運命の彷徨（destinerrance）〕（デリダ）に尺度も場所もあてがうことはできない。「政治」は、この行き先が作動するようにせねばならならず、その場が複数であることを保証せねばならないが、それを引き受けるものではないのだ。

民主主義的な政治とは、したがって、引き受けることから身を引いた政治である。それは、神権政治的なものであれ世俗化したものであれ、あらゆる種類の「神学政治」を打ち切る。その公準はしたがって、あらゆるものは（全体は）政治ではない、というものである。つまり、あらゆるもの（ないし全体）とは多数のものであり、特異的‐複数的のものなのだということ、現勢的な無限が諸々の有限の破片（「芸術」、「思想」、「愛」、「振る舞い」、「情念」などは、こうした破片の名のうちのいくつかということになろう）のなかに書き込まれているということである。

「民主主義」とは以下のようなものである。

――まずそれは、意味の体制の名である。ただし、その実相は、命令的な審級、宗教的な審級、政治的な審級、科学的ないし美術的な審級のどれにも包摂されえない。それは、「自分自身」の危険《リスク》であり機会《チャンス》であるところの「人間」、ニーチェの言葉をあえて逆説的に用いるならば、「深遠の縁での踊り手」たる「人間」をすべて巻き込むものなのだ。[†15]　この逆説は、民主主義とは平等主義的な貴族制である、という争点を見事に開陳する。この第

†15　ニーチェ『悦ばしき知識』第三四七節を念頭に置いていると思われる。「〔…〕自分は命令されねばならぬという根本信仰に達するとき、その人間は「信心深く」なる。これと逆に、自己決定の悦びや力、次のような意味での意志の自由といったものが、考えられるだろう、――つまり、この自由にあっては、精神が、そのあるがままに振舞いながらも、ほっそりとした綱や可能性の上に身を支えることができ、深淵に臨んでさえなお踊ることができるすべを会得して、いかなる信仰・いかなる確実性への願望にも決別を告げる、そういう自由である。こういう精神こそが、卓越した自由の精神であるだろう」（信太正三訳『ニーチェ全集』8、ちくま学芸文庫、一九九三年、三八一頁）。

一の意味が政治的な名前を借り受けているのは、偶有的で暫定的なものにすぎない。——次いでそれは、深遠の縁での踊りの目的としての政治ではなく、こうした目的が働く〔＝作品《ウーヴル》となる〕空間を開き、それを開いたままにする手段としての政治を発明する義務のことである。この目的と手段との区別は所与のものではないし、ありうる「空間」を配分するというのも所与のことではない。重要なのは、このような「空間」を見いだすこと、発明すること、あるいは、それを見いだしたと自称することすらしないためにはどうすべきかを見いだすことである。だが、何よりもまず、政治は目的の次元からは判然と区別されたものであるとみなされなければならない——たとえ社会正義が、ありとあらゆる目的にとっての必要な手段であることが明白であるとしてもである。

比較的な単純な例を一つだけ取り上げておこう。健康の例である。健康が、平均寿命によって規範化されたり、あるいは、（それ自身が、なんらかの理想的な持続力ないし性能に対応した尺度によって規範化されている）生理学的なバランスによって規範化されたりしなければならない（あるいはされうる）というのは、所与ではない。「健康」が何を意味しているかは、単に「病気」との対立によって規定されうるものではないし、また一般的に言っても、われわれにとって医学とは何であるかということによって規定されうるものでもない。医学、病気、健康の有する価値は、あらゆる「倫理」や「政治」に先行して一つの文化ないしエートスが行なってきた深い選択に準じたものである。健康についての政策〔政治〕は、それ自身はけっして修正することのない諸々の選択や指針に応じるほかはないのである。（これと同じ理由で、「生政治」という用語は、「政治」の意味を混同して拡大するものである）。「健康」とは、一つの思想、存在の把握の仕方であり、――もしかすると誇張法的で古風だとみなされるかもしれない調子であえて言うならば――形而上学なのであって、政治ではないのだ。

この誇張法は敷衍するに値する。民主主義とはまずもって形而上学なのであり、その次にのみ、政治なのである。だが、この政治は形而上学に基礎づけられるというのではない。逆に、政治は、形而上学を実施する条件にすぎないのである。まず、われわれの〈世界のうちに共にあること（être-ensemble-au-monde）〉のあること〔存在〕を考えてみることによって、いかなる政治によってこの思想が自らの機会を試すことができるかを見ることができるのだ。おそらくのところ、これらの語句の意味を弱めて、「政治」を「形而上学」と等しいものとすることもつねに可能かもしれない。しかし、そうすると、民主主義と一体でなければならないはずの原理を有した区別が失われてしまう、あるいはぼやかされてしまうのである。その原理とは、人間の目的、共通にして特異的な実存の引き受けを、国家の次元から――それに固有な機能については別として――取り下げるというものである。

訳者解題

「哲学がなければ、いかなる西洋的ヨーロッパ的科学もまた存しないであろうし、原子力エネルギーのいかなる開発も存しないであろう。」

マルティン・ハイデガー

本書は、フランスの哲学者ジャン＝リュック・ナンシー（一九四〇―）が二〇一一年に発表し、翌年に公刊したフクシマ論である「破局の等価性――フクシマの後で」に加え、書かれた時期は若干先行するが内容的に密接に関連する二つのテクストを合わせ、日本版オリジナルとしてまとめなおしたものである。

第一章「破局の等価性――フクシマの後で」は、Jean-Luc Nancy, *L'Équivalence des catastrophes (après Fukushima)*, Paris, Galilée, 2012, 69p の全訳である。これは、二〇一一年一二月一七日に東洋大学国際哲学研究センターが主催したウェブ講演会「ポスト福島の哲学」で発表された原稿に、ナンシー自身がその後加筆をし、二〇一二年二月にフランスのガリレー社より一冊の本として公刊されたものである。もともとの講演原稿は、渡名喜訳で「フクシマの後に哲学をすること」というタイトルで同センター年報『国際哲学研究』第一巻（二〇一二年）に収められている。これは本書第一章と重なる部分が少なくないが、ナンシー自身によるその後の加筆や訳者による訳の訂正など多くの異同がある。今後参照いただく際には、本書を参照いただきたい。

第二章「集積について」は、Jean-Luc Nancy, « De la struction », in Jean-Luc Nancy, Aurélien Barrau, *Dans quels mondes vivons-nous ?*, Paris, Galilée, 2011, pp. 79-104 の全訳である。つまり、若手の物理学者のオーレリアン・バローとの共著『われわれはいかなる世界に生きているのか』の一部をなすものである。この共著に先立って以下のドイツ語の選集『テクノロジーの条件――技術的世界の記述への寄与』に同じテクストの独訳が掲載されている（« Von der Struktion », Erich Hörl (hg.), *Die technologische Bedingung: Beiträge zur Beschreibung der technischen Welt*, Suhrkamp, 2011）。

第三章「民主主義の実相」は、ガリレー社より二〇〇八年に公刊された同名の単行本 Jean-Luc Nancy, *Vérité de la démocratie*, Paris, Galilée, 2008, 62p の全訳である。全体を通じて言及されているように、いわゆる「六八年五月」の四〇周年ということが意識された民主主義論である。時期的には「フクシマの後」ではないが、しかし後に述べるようなその内容的連関からこのテクストをここに含めてしかるべきであると判断した。[*1]
冒頭の「序にかえて――ジャン＝リュック・ナンシーとの対話」は、この日本版のために訳者が二〇一二年七月にストラスブールのナンシー宅を訪れた際に行なったインタビューを著者とともに再構成したものである。

＊

ところで、一九八五年に『無為の共同体』がはじめての邦訳書として日本で公刊された際、この日本語版のために寄せた文章「私たち共通の果敢《はか》なさ」の末尾で、ジャン＝

＊1　ナンシーは、第三章と同じ「民主主義」を主題としたテクストをいくつか上梓している。そのうち『民主主義の実相』と同時期に書かれた以下のものにはすでに邦訳がある。あわせて参照されたい。
・「終わりある／終わりなき民主主義」河村一郎訳（ジョルジョ・アガンベンほか編『民主主義は、いま?』以文社、二〇一一年、所収）。
・「共産主義、語」松本潤一郎訳（コスタス・ドゥズィーナス、スラヴォイ・ジジェク編『共産主義の理念』水声社、二〇一二年、所収）。

リュック・ナンシーは次のように書いていた。

日本は、ただ一回の戦争行為による一都市全体の消滅という最初の体験を、全世界に対して分かち持った（都市も共同体の一形態である）。ヒロシマ（ナガサキ）は、アルメニアの都市ブルースやポーランドの田舎町アウシュヴィッツ、ドイツの都市ベルリンなどの名と並んで、共同体が被った近代の責苦を代表する名のひとつである。*2

チェルノブイリの前年に書かれたこの文章からさらに約二五年後、このリストにフクシマという名もまた付け加えなければならなくなるということは、当時のナンシーにはまったく思いもよらないことだっただろう。

いわゆる「フランス現代思想」の系譜に位置づけられ、そのほとんど最後の生き残りであるかのようにしばしば目されるこの哲学者は、これまで哲学、芸術、政治とさまざまな分野を横断するかたちで示唆に富む考察を展開してきたが、上に挙げられたような固有名をもつ「破局」について主題的に論を展開することはほとんどなかった。とはいえ、先の引用が示すように、ナンシーはこうした一連の「破局」というべき事態についてけっして無関心だったわけではない。本書第一章「破局の等価性——フクシマの後で」は、上述のとおり、もともとは二〇一一年一二月に東洋大学で行なわれた発表がもとになっているが、本書序文で言われるように、ナンシー自身、この講演への招請を自身が当然引き受けるべき義務であるかのようにして受け入れたと語っている。この「呼び集め」にすぐさま応答し、そして本書に結実することになる思索を提示することができたということ、このことは、三・一一以降、ナンシーがこの破局的出来事に絶えず視線を注ぎながら、そのなかで自らの思想を練り上げていったことを証言するものだろう。実際、本書においてフクシマをめぐって提示されているのも、単なるアクチュアルなテーマについて急いで書きとめたスケッチではない。これまでの西洋思想の流れに棹差しつつ、科学技術の現況、現代の物理学の知見も踏まえてナンシー自身が練り上げてきた思索の結実であるということができるだろう。本書が「破局の等価性」のみではなく、「集積について」および「民主主義の実相」を組み込んだのは、こうしたナンシーの近年の思想の地平のなかで、「フクシマの後で」をめぐって展開される議論がどのような文脈において練り上げられてきたのか、そ

＊2 ジャン＝リュック・ナンシー『無為の共同体』西谷修・安原伸一朗訳、以文社、二〇〇一年、二二九頁（初版は朝日出版社、一九八五年）。

れがどのような射程を有するのかをよりいっそう理解できるようにするためである。

＊

本書第一章「破局の等価性」という表題は、ナンシー自身がその冒頭で言うように、とまどいを誘うこともあるかもしれない。「破局」という日本語は、「終局」、「破滅」を連想させるが、「フクシマ」は、はたして「破局」というべきものなのか。「破局」という語を用いることは、その「事故」ないし「災害」の悲劇性、危険性をいたずらに誇張するものではないか。そのような表現を用いること自体がすでに「現状」を見誤ったものではないか。「フクシマ」を（まさにこうカタカナにすることによって）特権化することは、ほかの「被災地」を看過することになるのではないか――あれから一年半もすぎると、こうした問いが提起されはじめてくる。

あるいは逆に、「フクシマ」がまさしく「破局」であることについて納得したとしても、「等価性」のほうに疑問が残る。一つの「破局」がその他のものと「等価」だということは、いかなることか。「破局」はそれぞれ、つねに「特異」なものなのではないか。「フクシマ」には社会的、政治的ないし地政学的、とりわけ経済的な文脈があるのであって、他のものとならべて論じられるべきものではないのではないか。少なくとも「ヒロシマ」とは同列に語られないいし、いわんや「アウシュヴィッツ」などとはほとんど無関係なのではないか――「フクシマ」の「破局」性を肯定的に捉えるにせよ否定的に捉えるにせよこうした問いは惹起されうるだろうし、あるいはまた、本書の前半の記述からこうした印象を受ける向きもあるかもしれない。

こうした一連の問いを本格的に検討するには、一方で「破局（catastrophe）」という語はそもそも何を意味するのか、[*3]あるいは他方で、これまで「破局」と形容されてきた出来事の「特異性」と「範例性」とをどう理解するのかといった困難な問題に取り組まねばなるまい。こうした検討は他所に譲らなければならないが、ここではナンシーがまさしく「フクシマの後で」、どのように「破局」の「等価性」という点を主題化したのかを確認しておこう。

＊3　この点に関しては、とりわけ以下の選集が、「破局」という語が現在のような意味で用いられるようになったのは、まさしく一八世紀中葉――すなわちリスボン大地震と同時期――であったことを多様な角度から論じている。Anne-Marie Mercier-Faivre et Chantal Thomas (dir.), ***L'invention de la catastrophe au XVIIIe siècle. Du châtiment divin au désastre naturel***, Genève, Droz, 2008.

何かの「後」を問題にするには、いくつかのやり方があるだろう。多くの場合、「後」と言うときに含意されているのは、何らかの断絶を画する出来事によって、それに先行する「前」の時期が終わり、これまでとはまったく別の時期が到来したということであろう。実際、原子力発電所の事故の「前」と「後」で、福島はまったくとりかえしのつかないかたちで変わってしまった。だがナンシーは、このような含意を当然念頭に置きつつも、別のかたちで「後」を思考しようとしているように思われる。この「後」の思考、とりわけ「破局の後」の思考については、われわれはすでに数名の証言者を持っている。たとえば「アウシュヴィッツの後ではもはや詩を書くことができない」と述べた——そのことで何度も召喚される——アドルノがそうである。無論、アドルノにとっても「アウシュヴィッツ」という出来事は決定的な断絶を画するものであった。ナンシーが参照しているように(二七頁、原注5)、その「後」には「何ごとも起こらなかったかのように、〈真〉、〈美〉、〈善〉といった自らの伝統的価値を温めなおす」ことなどできないような出来事こそが問題なのだ。だが、「後」の思考は、単に「前」との隔絶のみを前提とするのではない。アドルノは、『否定弁証法』執筆と同時期の講義のなかで、「アウシュヴィッツの後」の世界とは「アウシュヴィッツが可能であった世界」[*4]であると言いかえている。要するに、断絶を刻む出来事の「後」をいかに生きるかということにはとどまらない。つまり、単に断絶や非連続性ばかりではなく、そのような破局がもたらされる前提、その「前」に何があったのか、いかなる布置のなかでこの断絶が可能になったのかを問わねばならないのである。*5

ナンシーが「フクシマの後」に問いただす「フクシマ」を可能にした布置、それは、日本の原子力産業に特有の政治的、産業的、技術的、学術的、社会的な構造ではないし、さらには――民生用であれ軍事用であれ――原子力エネルギー全般の活用の歴史でもない。無論、これらの問題が重要ではないということではけっしてない。そうではなく、ナンシーが掘り起こそうと試みているのは、フクシマおよび原子力が「範例的」にあらわにす

＊4　Theodor W. Adorno, *Metaphysik. Begriff und Probleme*, Theodor W. Adorno Nachgelassene Schriften, Bd. 14, Frankfurt am Main, Suhrkamp, 1998, S. 162.

＊5　ちなみにアドルノが「原子爆弾の発明は大虐殺と同じ文脈に書き込まれていると考えざるをえない」と書いたのもこの角度からではないか（Adorno, « Erziehung nach Auschwitz », in *Stichworte. Kritische Modelle 2*, Frankfurt, 1966）。また、ハンナ・アレントが「アウシュヴィッツ」というユダヤ人にとっての破局のみを焦点化することなく『全体主義の起源』を書き、さらには「今日私たちが生きている現代世界は最初の原子爆発で生まれた」（『人間の条件』志水速雄訳、ちくま学芸文庫、一九九四年、一六頁）と述べるとき、やはり同じ「布置」への着目を共有していたように思われる。

る、「文明的」というべき規模の布置である。

問題は、「一般的等価性」をその原理とするような文明である。周知のように、「一般的等価物」とはマルクスが「貨幣」につけた名前である。だが、ナンシーが見てとっているのは、単にあらゆる存在者がグローバルな経済システムに組み込まれているということばかりではなく、「一般的等価性」という体制が、貨幣の次元を超えて、人間やあらゆる存在者の全体を吸収するという事態である。秩序立てられた階層秩序や連係秩序が崩壊するなか、人間が制御できない仕方で肥大化していった「技術的、社会的、経済的な相互依存の複雑性」へと、人間、生物、物、あるいは「力」など、あらゆるものが交換可能なかたちで吸収されるようになる、そうした事態が問題化されているのである。ここで問題になっているのは要するに次のようなことだ。津波であれ人為的なミスであれそもそもの設計ミスであれ、何か一つの要因が起きてしまえば、その帰結が波及的に連鎖し、誰にもコントロールできないような帰結を引き起こしうる。そして、その相互接合のそれぞれのファクターは、それぞれに固有の価値をもつのではなく、「貨幣」のようにして置きかえ可能なものとなる。——われわれが生きている世界はいまやそのような相互依存・相互接合のシステムから構成されており、「フクシマ」は、原子力エネルギーの使用をめぐる機能不全などに還元されるのではなく、むしろ、このような布置を顕わにするものだと言うのだ。

ナンシーはこうした状況に対し、代替技術、制御技術の洗練に訴えかけるのではない。それればかりか「解決」そのものすらも提示できないと言っているが、これはけっして無責任な態度と即断するわけにはいくまい。ナンシーが哲学者として提示すること、それは、このような「改善」ないし「改良」という構えそのものが、結局これまでのもの見方と同じ地平にとどまっているということだ。こうした構えは、「フクシマの後」に「フクシマを可能にしたもの」を問うことなく、あたかも「フクシマの後」すら終わりにしてしまうような態度であるかもしれないのだ。

われわれは、なんらかの「最善のもの」を欲して以来、世界や人間を変革し改善しようと欲して以来、ふたたび生まれ変わる、新たに生まれ変わるといった観点でしか思考してこなかった。すなわち、世界や人間をよりよいものにする、よりよく作り直すという観点でしか思考してこなかった（六〇頁）。

ナンシーが提案するのは、随所に強調されるような「ニヒリズム」や「ペシミスム」から逃れることであると同時に、あるいはそれ以上に、「より低次の目的」から「より高次の目的」へと進み「最善のもの」を求めるという真に「オプティミズム」的なパラダイム、第二章の言葉では「構築パラダイム」（八七頁）を問いなおすことである。それは、人間が十分な合理性をもって予想・想定し、計算することができる、技術によって統御することができる、より良いもの・もっとも良いものを目指して修正や改善を積み重ねることによって、より高次の次元に到達できる、そのような体制そのものを考えなおすことである。われわれが今生きている世界においては、「手段」と「目的」の関係はもはや何か高次の、想定された目的をめざし単に直線的ないし階層的に配置されているのではなく、「手段」が「目的」となり「目的」が「手段」となり、さらにそれら総体が別のものの「手段」になり、等々というかたちで、もはやいかなる秩序立てもなく相互に連結しあうというかたちで、いっそう複雑化される――こうした状況が、ナンシーが「等価性」ということでもって言い表そうとしているものである。

こうした状況に対し、本書第一章末尾では、とはいえいくつかの代案が素描されている。等価性の枠組にけっして組み込まれることのない特異的なものの「尊重」ないし「崇敬」、そしてこうした特異な存在者たちの共存、彼らが「共に（en commun）」存在し、「共に」現れるという意味での「共通さ」のみを基盤とした「コミュニズム」の思想である。もちろん、これらの箇所だけを読むかぎり、ややもするときわめて素朴でユートピア的な代案との印象を与えるかもしれない。だが、この数頁は、訳注で示したようないくつかの著作をはじめ、ここ数年のナンシーの思想の展開を凝縮して提示している箇所でもあり、その射程を捉えるにはそれらの著作に当たる必要がある。そのためにとりわけこの「コミュニズム」の思想が、「一般的等価性」の体制からどのように差異化され、「民主主義」という展望と結びつきうるかを理解するために、本書第三章に「民主主義の実相」を組み込んだ次第である。

＊

だが、それに先立って、本書第二章として「技術」を主題とする「集積について」を組み込んだのは、ナンシーが問題化する「一般的等価性」のシステムが「技術」ということについての新たな理解なしには十分に理解されないためである。

「集積について」は、冒頭に触れたように二つの異なる出自を持つ。一つは、二〇一一年公刊の『テクノロジーの条件——技術的世界の記述への寄与』と題されたドイツ語の選集にその独訳がまずはじめに掲載されたことだ。同著を編んだボッフム大学でメディア技術・メディア哲学を講じるエーリヒ・ヘールは、彼自身ナンシーやベルナール・シュティグレールらの思想のドイツへの紹介者でありつつ、ハイデガーの技術論とサイバネティックスの双方を視野に入れながら、現代の「技術的世界」の諸問題に対し哲学的にアプローチを試みる気鋭の論者である。もう一つの出自は、二〇一二年にフランスで公刊された共著『われわれはいかなる世界に生きているのか?』である。その共著者であるオーレリアン・バローについては、本書第二章で何度か言及されている。バローは宇宙物理学者でありながら哲学にもきわめて造詣が深く、ナンシーが依拠している『多元宇宙の物理学および哲学の諸要素』においては、その表題が示すとおり、アナクシマンドロスからライプニッツを経てネルソン・グッドマンやデイヴィッド・ルイスにいたる哲学史における複数世界や可能性の考えを縦横無尽に踏査しつつ、「多元宇宙」の論理を描き出している。

ナンシーの技術論はそもそもこのような文脈で現れたものであるが、その随所で触れられるように、それ自体が、マルティン・ハイデガーが「技術」をめぐって展開した思想をかなりの程度引き受けたものであることはいくら強調してもしすぎることはなかろう。ハイデガーの技術論については日本においてもすぐれた研究が多くあるし、[*6] またナンシーの思想全般とハイデガーの思想との関係についても多くの議論がある。だが、ハイデガーの議論を確認しておくことは、技術論ばかりでなく、本書全体の理解にとってもきわめて有意義と思えるため、ここでは肝要な点を二、三記しておきたい。

一つは、とりわけ本書第三章において参照されている一九三八年のテクスト「世界像の時代」を中心に一九三〇年代後半に展開された「近代的技術」をめぐる議論である。[*7] ニーチェの「ニヒリズム」をめぐる議論とほぼ同時期のこのテクストでは、まさしく近代的技術の本質と近代的形而上学の本質は同一であることが主張されている。それによれば、両者の共通性は、人間が「主体（Subjekt）」になると同時に世界が「像（Bild）」となるという二重の事態にあるとされる。世界が「像」となるというのは、近代の科学技術や合理主義の誕生とあわせ、世界は単なる被造物の地位ではなく、人間の思考対象、「表象（Vorstellung）」――ドイツ語の語義に従えば「前に‐置かれたもの（Vor-stellung）」――とな

＊6　たとえば加藤尚武編『ハイデガーの技術論』理想社、二〇〇三年。
＊7　マルティン・ハイデッガー「世界像の時代」（茅野良男、ハンス・ブロッカルト訳『ハイデッガー全集』第五巻、創文社、一九八八年）。

ることだ。それに対し、人間は特権的な認識基盤としての「主体」となる。つまり、ハイデガーによれば、「近代」という時代は、世界は、主体としての人間が、合理的に認識し計算することができる対象、さらには調整したり、変容させたり、統御したりすることのできる対象となるという存在規定にその特徴を有するということだ。このような見方は、やがて人間による科学技術を媒介にした自然の「支配」ないし「統御」という見方を補強することになるだろう。人間による「計画《ヴィジョン》」、「見通し《プレヴィジョン》」のうちで、あらゆる「未来」もまた、人間が介入し統御することのできる対象として、人間の認識の有限な地平のうちにあらかじめ組み込まれることになるだろう。ナンシーの言う「合目的性」につき従う「構築パラダイム」は、まさしくこのような世界観から生じたものと言える。

　周知のように、ハイデガーの「技術」をめぐる思想はさらなる発展を見せる。「近代」を統べていたのが「表象」――ナンシーが本書第三章で「コンセプション」や「見通し《ヴィジョン》」と呼ぶものもここから遠くない――だったとすれば、「現代」という時代を差配しているのは「立て組み」、「集め立て」、「徴発性」と訳されるGestellである。もはや「自然」は、人間が「技術」を用いることで自由に制御できる対象ではない。現代技術世界においては、あらゆる存在者が、「用象」、すなわち何かの役に立つよう用立てられるものとして、かり立てられることになる。かつてはあらゆる対象を差配する「尺度」だった人間もまた、一種の資材、「人材」として動員され、計算可能性を発揮する際の「在庫」として遇されることになるというのだ。[*8] ハイデガーは、さらに現代という時代が「原子力エネルギーとその開発とによって型刻されている」ことすら見てとるにいたるが、[*9] このあたりの消息は専門家の分析に委ねよう。

ところで、このように現代技術をもはや単なる自然の支配の道具や手段としてではなく、人間の存在様態を規定し統御するような体制として捉える見方は、ハイデガー以降、多くの論者によって、それぞれ同時代の状況に直面しながら引き継がれていった。本書全体の理解のためにも、ハイデガーの継承者のなかでもハンナ・アレントとギュンター・アンダースの名はとくに銘記しておいてよかろう。両者とも、人間が地球上のすべての有機体を破壊する能力を有したという事実をきわめて真剣に引き受けた数少ない思想家である。全体主義の「すべてが可能だ」という全能性への妄想的な希求が実際に絶滅収容所で実験されたことを見てとったアレントは、そこからさらに、現代技術社会の特徴を人間の活動

＊8　マルティン・ハイデッガー『技術への問い』関口浩訳、平凡社、二〇〇九年。
＊9　マルティン・ハイデッガー『根拠律』辻村公一訳、創文社、一九六二年。

の「予期不可能性」と「不可逆性」に見た。人間自身がはじめたはずの活動が、人間たちの関係の網の目に入ると、「作者」たる人間の手を離れ、もはやその結果を予期・予想・想定することもできなくなり、とりかえしのつかない帰結を招く。アイヒマンに典型的なように、もはや人は自分の行為の帰結を思い描くことができなくなるほど、現代技術社会の「プロセス」は複雑化し肥大化していくというのだ。同じ問題は、かつてアレントと婚姻関係にあったギュンター・アンダースが、その後「プロメテウス的落差」と呼ぶことになるものとの関連でも考えることができる。アウシュヴィッツ、ヒロシマ、チェルノブイリと二〇世紀の諸々の破局に対しつねに発言し続けたこの哲学者によれば、「プロメテウス的落差」とは、人間による生産物が、生産者である人間の手から離れ、人間自身が追いつけないところにまで変化していくことによる落差である。*10 いずれの場合でも、技術とはもはや人間が何らかの目的に合わせて用いる手段としてはもはや考えられてはいない。そうではなく、技術は、いわば自動的なプロセスを形成するにいたり、人間の存在様態すらをも規定し、場合によっては破壊することすらできるものと考えられるようになる。ナンシーが「とりかえしのつかないものとしての文明」（三九頁）とか、「集積」における「彷徨」（一一〇頁）とか述べるとき、こうした見解が確かに響いているだろう。

もう一点だけ付け加えておくと、ハイデガーの技術論の要は、以上のように「表象」や「徴発性」を科学技術の主たる特徴として描き出したということにはとどまらない。それればかりでなく、現代における人間の存在様態がまさしく「技術」によって規定されているということ自体が「存在の歴運（Geschick）」である――すなわち、このような存在規定は、ハイデガーの言う「存在の歴史」のなかで、存在のほうから現存在たる人間へと「送付（schicken）」されてきた、その時代に固有のある種の「運命（Schicksal/destin）」であるという点にある。無論、ジャック・デリダが問いただしたように、このような「送付物」が正しく目的地（destination）に到達したかどうかについては注意深くあるべきだろう。デリダはそこにむしろ「誤配（destinerrance）」、すなわち目的地に届かずに彷徨（errance）することの可能性を読み取ろうとしたのだった（本書第二章一〇九頁、訳注8を参照）。「存在の最後の歴運」としての「技術」というハイデガーの見方につき従うナンシーも、この点ではハイデガーと袂を分かつのかもしれない。いやむしろ、より正確に言うならば、「技術」という「存在の最後の歴運」の真の姿は、「七〇億の人間存在」をはじめあらゆる存在者

＊10　ギュンター・アンダース『時代おくれの人間　上』青木隆嘉訳、法政大学出版局、一九九四年、一七頁以下。

を「彷徨」の状態にとどめおくものであって、これをナンシーは「集積」と呼んでいるのかもしれないのだ。いずれにせよ、ナンシーが、「フクシマ」をめぐり「技術」の再考を促すのは、「われわれの存在様態」としての「技術」（六二頁）、および現代という時代の根本的性格としての「技術」という二つの側面を見やりながら、ハイデガーの企てをさらに延長させ、まさに「現在」、この「技術」がいかなる実相を有しているのかという問いに彼自身が向きあっているためだということ、このことは確かである。

「集積（struction）」という語には少し付言が必要だろう。この語は、フランス語としてもほとんど用いられない語であるが、その語義を勘案して試みに「集積」とした。だが、この語はたとえば日本語の「集積回路」という語がイメージさせてくれるものとは切り離して理解されたい。「集積」で問題になっているのは、そのような秩序立てられた構成や組合せをもはや有さないほどに複雑化し、不安定となり、散乱しつつ、単に偶然的に寄せ集められ、積み上げられているような状態である。言葉のレヴェルで言えば、「構築（construction）」と「破壊（déstruction）」が共通して持つ部分である。むろん、ナンシーがこの語を用いた際には、ジャック・デリダやジェラール・グラネルといった彼の友人たちが――彼ら自身ハイデガーをなぞりながら――「脱構築」と呼んだものが念頭にあったことは想像にかたくない。だが、表層的次元にとどまってさらに述べれば、「脱構築（déconstruction）」がいわば「構築」と「破壊」とをあわせ持ちそのいずれでもあるものだとすれば、「集積」の方はそのいずれでもないものと言うことも可能かもしれない。

いずれにせよ、「集積」で問題になっているのは、単なる「構築」と「破壊」の二項対立を超えたところにあるものである。そういえば、一九五八年に来日していたギュンター・アンダースは、八月六日に合わせるべく、蒸し暑い電車に揺られ広島を訪れたのであったが、駅前の広場でまず目についたのは廃墟の面影の残る「ヒロシマ」ではなく、「ファッショナブル」なホテル「ニュー・ヒロシマ」だったと言い、こう書きつづっていた。「再構築とは破壊の破壊だ。破壊の極地だ[*11]」。「ヒロシマの後」、「再構築」は可能だったのかもしれない。破壊されたものが、破壊されたことの痕跡を残さず新たな再建に向けて組み込まれるかたちで再興され、新たな、より「確実」な「想定」と「再構築」のために活用される。「被害者」が、来るべき破局のための「素材」や「データ」として活用さ

＊11　Günther Anders, *Der Mann auf der Brucke-Tagebuch aus Hirosima und Nagasaki*, München, Beck, 1959〔ギュンター・アンデルス『橋の上の男　広島と長崎の日記』篠原正瑛訳、朝日出版社、一九六〇年〕。

れる。だが、「フクシマの後」、問わなければならないのは、このような「構築パラダイム」を抜け出る道にほかなるまい。ただし、一見すると「集積について」が描き出す展望はいささか薄暗いものである。「構築」が「破壊の破壊」を経てよりいっそう肥大化していき、なんら秩序も関係性も失い、相互接合のなかで単に偶然的に集まり合い積み重ねられた状況、そのようなかに置かれた「われわれの存在様態」こそが「集積」という語でもって問題化されているのである。とはいえ、諸々の目的や「展望」そのものが砕け散り、無際限に増幅して行く「集積」的現在にあって、積み重ねられながらも「暗がりのなかでも目を開くこと」(一二頁)、このことによって見えてくるものこそ、第三章で詳述される「共-出現」の意義である。

＊

第三章『民主主義の実相』は、先に記したように二〇〇八年に書かれたものである。「六八年五月」の四〇年後のこの年には、当事者による回顧的な文章から、冷静な現代史的分析、さらには辛辣な批判まで、多種多様な「六八年五月」論がフランスの論壇をにぎわせていた。だが、一読して認められるように、ナンシーの議論は「六八年五月」を一つの機縁としつつも、それについて直接論じるのではなく、それを通じて「民主主義の実相」なるものの、ほとんど存在論的な素描を試みるものなのだ。しかも、注目すべきは、この記述が、現代の資本主義的・科学技術的世界の構成要素たる「等価性」の体制との明示的な対置を通じてなされていることである。このような第三章から第一章への送り返しもさることながら、第一章末尾でいささか唐突に提示される「コミュニズム」の射程を正確に捉える上でも、この「民主主義の実相」の議論は欠かせない。本書で、いささか執筆時期のずれるこの民主主義論をあえて取り込んだのは以上のような理由による。

同時に、第三章は第二章「集積について」との関連においても読まれうる。というのも、いずれの場合も、「コンセプションの体制」（一二九頁）を別のかたちで乗り越えることが争点になっているためである。先に触れたハイデガーの「世界像（Weltbilder）の時代」は、フランス語訳では « L'époque des conceptions du monde » と題されているが、ここには、直訳すれば「世界観」ないし「世界についての考え方」と訳すべき用語、コンセプションが用いられている。技術論で問題となっていたのが、こうした「コンセプションの体制」が合目的性の連関からなるシステムを形成し、ついにはまったく想定不可能、計算不可能な相互接合のプロセスに行きつくことだったとすれば、民主主義論においては、民主主義的な政治を、何らかのあらかじめ用意された構想や見通し《プレヴィジョン》に従って自らが到達すべき目的ないし運命――〈人民〉、〈労働者〉、〈共和国〉等々――を設定するという意味での「コンセプションの体制」から抜け出るかたちで思考することが問題になっていると言えるだろう。民主主義の主体もまた、自らの行く先（destination）を統御したり投企したり決断するような「主体」としてではなく、自分自身を「無限に乗り越える」というかたちで無限に開かれたものとして考えなければならないのである。

ナンシーによれば、民主主義に対する失望は、あたかも民主主義がそもそもこうした目的に到達し理想を実現することができるという期待と表裏一体のものであった。これに対しナンシーが提案するのは、政治的なものとそうではないもの――「神的なもの」、「聖なるもの」から「芸術」、「愛」、「思想」等々にいたるまで「価値」をなす秩序（一三九頁）――とを判然と「区別」することである。民主主義的政治は、このような別の秩序にあるものを「引き受ける」のではない。それは「「意味」や「価値」をもたらすのではなく、これらが場を持つこと［…］を可能にする」ものなのだ（一五二頁）。

思い起こせば、民主主義的な政体にあっては、「民衆」のすべてが――少なくとも実際的には――「統治」に実際に参与してきたのではなかった。「人民」ないし「国民」が「主権者」であっても、それは実質的には不可視のものである。ピエール・ロザンヴァロンによれば、「人民」とは、諸個人を「等価性と通約可能性」において考察するときにのみ成立する「象徴的に再形成」された集団とされる。*12 こうした集団は、通常の場合、代表制を通じて「形象化」されたりされなかったり、あるいはそれに対する不満から直接的な示威／顕示《デモンストレーション》行為がなされることもあるだろう。ナンシーもまた、「民主主義の運命は、等価性というパラダイムの転換の可能性に結びついている」（一四九頁）と述べるとき、このような「等価性」のシステムに立脚しあらゆる「主権者」を記号や数のような交換可能・計量可能なものへと還元するような「民主主義」に対し批判的な視線を向けているのは確かである。だが、ナンシーにとって、このようなシステムに回収されない通約不可能な者たちを可視化し形象化することが民主主義に託されるのではない、という点をもう一度強調しておく必要がある。肝要なのは、一方で、このような通約不可能な者たちの存在様態

---

*12　Pierre Rosanvallon, *Le peuple introuvable. Histoire de la représentation démocratique en France*, Paris, Gallimard, 1998, p. 13-14. このロザンヴァロンの指摘も含め、経済的な等価性と政治的な等価性との関連については以下の鋭い分析から多くの示唆を得た。佐々木滋子『祝祭としての文学』水声社、二〇一二年、とくに一四七‐一四八頁。

を考え抜くことであり、他方で、まさしくそのこととの関連で民主主義の可能性を考えることである。

第一の存在様態とは、幾度も触れられているように、「集積」と同じようにして「積み重ねられ、彷徨する七〇億の存在」（一七頁）でありながら、無限に意味を産出する「潜勢力」として諸々の人間存在が共に存在する、あるいは共に出現するという意味での「共‐出現」である。このようにして、各々特異でありながら、通約不可能なかたちで、「共に」あること——しかも、到達すべき理想や政治的行為によって正当化すべき「仮説」（バディウ）としてではなく、一つの「与件」として「共に」あること、このことをもって、ナンシーは「コミュニズム」という語をあえて用いるのである。これに対し、民主主義の可能性は、それ自体として何らかの意味や目的を現勢化させたり、こうした通約不可能な者たちを顕現させたりすることに存するのではない。そうではなく、自らの領分にとどまり、「目的の次元からは判然と区別」されつつ（一六六頁）、そうしたものが現勢化しうるような「空間」を開き整えておくこと、そのような「形而上学」（一六七頁）を備えておくこと、そのことが「民主主義の実相」であるとナンシーは述べるのである。要するにそれは、本書第一章で言われていたように、「共に通約不可能な平等性を要請」しつつ、「同じ身振りでもって破局的な等価性を告発すること」（七一頁）である。

＊

「フクシマの後で」――。この表題のもとに集められたナンシーの三つのテクストから、「破局」について、「技術」について、「民主主義」について、われわれは何を考え、行動すべきか。もちろんそれは読者諸氏に委ねるべき問題であるが、最後にそのための一つの手がかりとなりうるように思われるものを、ナンシーが言及している関口涼子のフランス語での日記『それは偶然ではない』に求めたい。三・一一以降書き留められたこの日記が実は三月一〇日から書きはじめられていることの意義についてナンシーも言及しているが（三九頁）、そのことについての関口の指摘は、「後で」を考えるにあたり多くの示唆を与えてくれる。通常、何かの前日ないし前夜というのは、その次の日――「当日」――以降でなければそのように呼ぶことはできない。とすると、「前日」にあえて身を置くこと、それはその翌日の、これから来ることになっている「当日」を喚起することである。

「破局の後で何が可能か」を問うという、世界から何度も発せられた問いを問うときに重要なことは、私たちが、これから来る別の破局の前夜にもいるのだということを考えておくということだ。それは、破局の前に何を書くことができるのか、あるいは二つの破局のあいだに何を書くことができるのかを問わなければならないということでもある。そしてこれが私たちがつねにいま生きている状態なのだ。*13

破局の「後で」を考えること、それは——これまでの思考図式を顧みることなく——単に未来に向けた「計画」を立て直し「復興」を語ることにのみ還元されるのではない。真に破局の「後」について考えるためには、別の破局の「前夜」にいると考えること、つねに「前」と「後」を往還することが必要なのである。*14

だからやはり、特異的な＝単数形の（フランス語ではどちらも同じ語（singulier）である）破局について思考すること、これは——ナンシーの「破局の等価性」の原語もそうなっているとおり——複数形で破局（catastrophes）を思考することを呼び求めるのである。われわれはつねに破局の「前夜」に生きている。いや、ギュンター・アンダースにならって、もはや「生きている」のではなく破局によって「死んではいるのではない」、と言うべきかもしれない。いずれにせよ、「フクシマ」が真に「破局」であったのかどうかは、

われわれが「フクシマの後」、いかに「前夜」に身を置くことができるかにかかっている
のだろう。

＊

本書は、上述のようにそもそも東洋大学国際哲学研究センターの活動がなければ生まれなかった。とりわけ、「ポスト福島の哲学」という同センターの活動テーマの一つに対し、文学部教授で同センターのセンター長を務める村上勝三氏が向けられる熱意と尽力がなければ、そもそもナンシーのフクシマ論が生まれることも、それがまず日本で発表されるということもなかっただろう。また、当初のウェブ国際会議にコメンテーターとして参加した東京外国語大学教授の西谷修氏には、訳者が同講演および本書を訳出するきっかけをい

＊13 Ryoko Sekiguchi, *Ce n'est pas un hasard. Chronique japonaise*, Paris, P.O.L, 2011, p. 38.
＊14 これは、ジャン＝ピエール・デュピュイが「投企の時間」と呼ぶものである。ジャン＝ピエール・デュピュイ『ありえないことが現実になるとき　賢明な破局論にむけて』（桑田光平・本田貴久訳、筑摩書房、二〇一二年）およびデュピュイの最新書である『経済の未来』（森元庸介訳、以文社、近刊）を参照。

ただき、その後も引き続き多大な助言や協力をいただいている。そして、以文社社長の勝股光政氏には、なかなか進まない作業に辛抱強くお付き合いいただき、度重なる激励をいただいた。お三方のご厚意には記して感謝を申し上げたい。

ナンシーの、きわめて抽象度は高いが、緻密に、そして具体的に考え抜かれた論理、言葉の表層的な定義のみならずそこに幾重にも秘められている意味の数々にまで細心に気を配りながら書きとどめられた思想を、日本語として再現しえているかは心もとない。誤読や誤解が残っているとすれば、その責は当然訳者にある。識者のご叱正を乞う次第である。

最後に、フクシマを主題とする本書を訳出しながら、私はやはり福島のことを考えないことはできなかった。「フクシマ」というカタカナ語に対して違和感を覚える方もいるかもしれない。しかし、これまで日本国内においてすらたいして見向きもされなかったこの名が世界を席巻するようになってしまったこと——これまで目立たぬものとしてとどめておくというかたちでそこに押しつけられたり押しこめられたりしていたもの、あるいは隠蔽されたり忘却されたりしていたものが、世界規模で露呈したこと——、このことを言い表すには「福島」では不十分である。「フクシマ」と呼ぶほかはない事態のとりかえしのつかなさ、途方もなさに対しては、福島で生まれ育った訳者は、無力感と怒りとを忘れることはできなかったし、今後もできないだろう。本訳書を、いまもなお福島に暮らす友人たち、とくに彼ら・彼女らのまだ小さな子どもたちに捧げることをお許し願いたい。

二〇一二年九月　　　東京にて　　　渡名喜庸哲

著者
ジャン＝リュック・ナンシー（Jean-Luc Nancy）
1940年，ボルドー生まれ．ストラスブール大学名誉教授．主著に，『無為の共同体：哲学を問い直す分有の思考』（西谷修・安原 伸一朗訳，以文社，2001年），『共出現』（ジャン＝クリストフ・バイイとの共著，大西雅一郎・松下彩子訳，松籟社，2002年），『複数にして単数の存在』（加藤恵介訳，松籟社，2005年），『イメージの奥底で』（西山達也・大道寺玲央訳，以文社，2006年），『脱閉域：キリスト教の脱構築Ⅰ』（大西雅一郎訳，現代企画室，2009年），『限りある思考』（合田正人訳，法政大学出版局，2011年）ほか多数．

訳者
渡名喜 庸哲（となき ようてつ）
1980年，福島県生まれ．東京大学大学院総合文化研究科博士課程満期退学．パリ第7大学社会科学部博士課程修了．博士（政治哲学）．日本学術振興会特別研究員を経て現在東洋大学国際哲学研究センター研究助手．訳書にルイ＝サラ・モランス『ソドム：法哲学への銘』（共訳，月曜社，2010年），ジャン＝ピエール・ルゴフ『ポスト全体主義時代の民主主義』（共訳，青灯社，2011年），ピエール・ブーレッツ『20世紀ユダヤ思想家：来るべきものの証人たち』第1巻〜第2巻（共訳，みすず書房，2011年），ジャン＝リュック・ナンシー「『エロス』：レヴィナスの小説？」（『現代思想』2012年3月臨時増刊号）ほか．

フクシマの後で——破局・技術・民主主義

2012年11月10日　第1刷発行

著　者　ジャン＝リュック・ナンシー

訳　者　渡名喜 庸哲

発行者　勝 股 光 政

発行所　以　文　社
〒101-0051 東京都千代田区神田神保町2-7
TEL 03-6272-6536　　FAX 03-6272-6538
印刷・製本：シナノ書籍印刷

ISBN978-4-7531-0306-5